处世的哲学课

他人与社会的思考

梁光耀 著

浙江人民出版社

图书在版编目（CIP）数据

处世的哲学课 ：他人与社会的思考 / 梁光耀著.
— 杭州 ：浙江人民出版社，2021.5
ISBN 978-7-213-09774-4

Ⅰ.①处… Ⅱ.①梁… Ⅲ.①人生哲学-青少年读物 Ⅳ.①B821-49

中国版本图书馆 CIP 数据核字(2020)第 115079 号

浙江省版权局
著作权合同登记章
图字:11-2018-557号

处世的哲学课 ：他人与社会的思考

梁光耀 著

出版发行	浙江人民出版社(杭州市体育场路 347 号 邮编 310006) 市场部电话:(0571)85061682 85176516
责任编辑	孙 婧 吴玲霞
营销编辑	陈雯怡 陈芊如
责任校对	何培玉
责任印务	程 琳
封面设计	朱 珺
电脑制版	杭州大漠照排印刷有限公司
印 刷	杭州钱江彩色印务有限公司
开 本	880 毫米×1230 毫米 1/32
印 张	6.875
字 数	146.5 千字
插 页	1
版 次	2021 年 5 月第 1 版
印 次	2021 年 5 月第 1 次印刷
书 号	ISBN 978-7-213-09774-4
定 价	36.00 元

如发现印装质量问题,影响阅读,请与市场部联系调换。

前言

本书跟前作《成长的哲学课——自我与人生的思考》一样，共十二篇。前作重点在探讨自我和终极的问题。本书同样分为三组：嫉妒、自卑、愤怒和勇气一组；家庭、友谊、爱情和幸福一组；学校、工作、金钱和正义一组。第一组跟自我有关，第二组主要涉及人与人之间的情感，第三组则属于社会性方面，三组也好像有着层递的关系，由自我、人际到社会，范围逐渐扩大。但其实这一册的重点在于人际关系，即使是嫉妒、自卑和愤怒等情绪，也跟他人有密切关系，如果没有与人比较的话，也不会有自卑和嫉妒的情绪出现。

每一组都有一篇作为归结，第一组是勇气，克服嫉妒、自卑和愤怒等负面情绪，正需要勇气；第二组是幸福，我认为幸福的要素就是情感得到满足，特别是亲情、友情和爱情等情感；第三组是正义，正义是社会的首要德性，存在于学校、职场和经济活动。而勇气、幸福、正义三者的关系也可以这样理解，幸福是每个人天生就会追求的目标，要得到幸福，在个人层面，我们最需要的是勇气，有勇气才能克服困难；在社会层面，我们最需要的则是正义，只有在公正的社会，才可公平合理地追求各自的目标。

嫉妒 自卑 愤怒	勇气
家庭 友谊 爱情	幸福
学校 工作 金钱	正义

梁光耀

2017 年 12 月 24 日

目 录

嫉妒

嫉妒的唯一好处，就是让我们知道什么才是理想的我。

家里有四个兄弟姐妹，小时候父母难免对我们有不同的对待，例如大的要帮忙做家务，小的反而过年有新衣服，这样就常会招来“偏心”或“不公平”的怨言，而父母则报以“别小气”“大方一点”或“做大要让小”的评语。父母还认为，我之所以“心胸狭窄”，是由于两条眉毛生得太接近，于是强行将我眉心的眉毛拔掉。

根据《圣经》的记载，人类第一宗凶案就是因嫉妒而起，这也是一出伦理悲剧。话说亚当和夏娃被上帝逐出伊甸园后，生了该隐和亚伯两兄弟，但上帝似乎对弟弟有些偏心，只接受了亚伯的献祭，却拒绝了兄长该隐的献祭，该隐难以忍受，于是杀了亚伯。中学时读这故事觉得有点无聊，觉得动不动就杀人，现在才明白，该隐之所以难以忍受，是由于嫉妒之心作祟。

不错，最早的嫉妒就是出现于家庭之中，为了得到父母的关注，或父母有不公平的对待时，兄弟姐妹之间常有吃醋之事发生。不过，我认为这完全是正常的，它让我们学会处理人际关系，尽快摆脱以自我为中心的问题，反而现在多了少子化家庭，对小孩子的成长未必是好事。原来小孩子的嫉妒很早就已经出现，我很惊讶还是一岁半的小女儿已有这方面的表现。有一次我们跟另一个家庭去日本旅行，由于对方负责驾车，而且他们有一对比我女儿大半岁的双胞胎女儿，于是太太有时会帮忙照顾。而每次太太这样做的时候，小女儿都会大吼，就像是控诉一样，还会趁对方的家长不察觉时，快速地走去打这两姐妹，这很明显是报复。我也来不及阻止，只能眼睁睁地看着，其伺机而行，动作之快，简直令人叹为观止！

两种嫉妒

我将嫉妒分为两种，一种是涉及亲密的人际关系，例如以上存在于兄弟姐妹之间的嫉妒,又或是两性关系上的争风吃醋;另一种则涉及成就上的竞争,例如在学业或事业上嫉妒比我们优胜的人。当然,这两种嫉妒并非互相排斥,朋友之间就经常出现这两种嫉妒,例如三个朋友一同去旅行,如果其中两个比较投契,剩下的一个就会有被忽略的感觉,若由此产生怨言,就是第一种嫉妒;而在工作上跟朋友竞争的话,失败的一方也很有可能产生第二种嫉妒。

我们也可以在莎士比亚的四大悲剧之一《奥赛罗》(*Othello*)中找到这两种嫉妒,这正是一个由嫉妒引起的悲剧。故事发生在16世纪时的威尼斯,当时威尼斯正面临土耳其舰队的攻击,威尼斯共和国派出奥赛罗迎战,因为只有他才能击退奥斯曼帝国的入侵。伊阿古是奥赛罗的部下,由于不获提升而怀恨在心,并进行报复。他施诡计令奥赛罗相信妻子跟得到提升的凯西奥有染,煽动其嫉妒之心,结果奥赛罗把妻子杀掉,铸成大错。正如奥赛罗在剧终所说,他并非一个易妒之人,但爱情却是容不下第三者,也最容易引发人的嫉妒之心,这属于前面所讲的第一种嫉妒。而伊阿古则是一个嫉妒心极强的人,根本就是嫉妒的化身,他不但嫉妒凯西奥获得提升,也嫉妒奥赛罗的成就,于是设计陷害他们,这就是以上所讲的第二种嫉妒。

存在于亲密人际关系中的嫉妒跟爱有关,无论是子女需求父母的爱,还是男女之间的爱,爱与嫉妒的关系十分微妙,正是因为害怕失去爱,才会有嫉妒的表现。但我认为这种嫉妒有一定的合理性,试想丈夫跟别的女子谈笑风生,即使没有任何越轨的行为,做妻子的也一定不好受,因为有不被尊重的感觉,甚至是一种威胁,担心会失去丈夫的爱。这也是一种本能性的嫉妒,生物的本能就是为了繁衍下一代,男方为了确保女方怀的是自己的血脉,所以要打退第三者;而女方亦要依靠男方负起养育的责任,也容不下第三者。从这个角度看,嫉妒有着保卫家庭的功能,家庭之所以重要,就是因为(一般来说)孩子在家庭中成长才能得到最好的照顾,就像我小女儿的嫉妒一样,她要击退外来的"入侵者",保护自己的利益。

虽然说这种跟爱有关的嫉妒有一定的合理性,但若过了火,也是有问题的。例如妻子经常要丈夫报告行踪,又不容许丈夫跟异性交谈,若找不到丈夫就立刻起疑心,这些夺爱的行为正是嫉妒心的表现,也反映出嫉妒者是占有欲极强的人,但同时又缺乏安全感。从这个角度看,爱的反面并不是恨,而是嫉妒,因为嫉妒就是夺爱,施爱才是爱。我本人有一个实际的经验,记得在香港中文大学做助教的时候,有一位女学生打电话给我请教问题时,我听到她的男朋友在旁边不断扰攘,我感受到强烈的醋意由电话传过来。也许有人认为这不是真正的爱,但何谓真爱呢?那就不得不诉诸爱的代言人——耶稣的权威性定义:"爱是恒久忍耐,又有恩慈;爱是不嫉妒,爱是不自夸,不张狂;不做害羞的事,不求自己的益处,不轻易发怒,不计算人的恶。"既然爱排斥嫉妒,所以,有嫉妒成分的爱就不是真爱。但是,耶稣所讲的不过是最理想的爱,我反而认为在爱情之中,嫉妒是必要的恶,正如奥古斯丁(Augustinus)所说:"不感到嫉妒的人并没有坠入爱河。"不存在任何嫉妒的爱情可能已经不再是爱情了,当奥赛罗误以为妻子对他不忠时,嫉妒也是人之常情。即使妻子对丈夫不忠是事实,但据此做出伤害他人的行为也是不对的,我们应该学习控制自己的愤怒。奥赛罗的真正问题不是嫉妒,而是轻信,不做求证,以及不能控制自己的愤怒,这些性格缺点才是导致悲剧的原因。当然,如果能做到宽容就最好,但要原谅对自己不忠的伴侣,的确不容易。

至于第二种嫉妒,那是无关于爱的,我们也不会用“吃醋”来形容,我认为这种嫉妒是社会性的,经由后天学习而成,主要是竞争的产物。正如前面所讲,第一种嫉妒是天生的,一岁多的小孩也会因争夺母亲的爱而有嫉妒的表现,但我们却找不到嫉妒心很重的小孩,嫉妒的性格是后天慢慢形成的,竞争正是其助长力。嫉妒他人就是因为对方得到了我想要的东西,很明显,如果我不是很喜欢跑车的话,我就不会嫉妒一个拥有跑车的人。正由于对方拥有,对照出我有所欠缺,才会令自己有一种不如人的感觉,由此而产生痛苦。

嫉妒之害

嫉妒的不理性在于,我们宁可自己没有所得,也要确保对方有所缺失。牛津大学曾经做过一个实验,测试我们对成功者的憎恨程度,就是测试者可以花费自己的金钱,来降低他人的富裕程度,实验结果印证了人的嫉妒心相当严重。难怪有人认为,追求平等背后有着嫉妒的心理根源,19世纪的丹麦哲学家祁克果(Soren Kierkegaard)早就指出,以平等为社会追求的目标,只会令嫉妒变本加厉;嫉妒会躲在平等后面,以平等之名让嫉妒之心不断壮大。

西方哲学家很早就讨论过嫉妒,苏格拉底(Socrates)认为,嫉妒的人是愚蠢的,因为嫉妒不仅会令自己痛苦,更会破坏朋友之间的友谊。的确，我们很少会嫉妒陌生人，但往往不能接受朋友的成功。电影《三傻大闹宝莱坞》（*3 Idiots*）有一句对白："若朋友失败，我们会难过；但若自己失败，朋友成功，我们会更加难过。"也有人形容嫉妒就像一团火，烧不到他人，却会烧伤自己，被我们嫉妒的人不会单单因为嫉妒而有任何伤害，但我们自己却被嫉妒弄得痛苦不堪。康德（Immanuel Kant）则认为，理性的人不会嫉妒，因为嫉妒是自我否定的，它只让我们看到自己的优点被他人的成功所掩盖。不过，对嫉妒持最负面看法的还是基督教的思想，13 世纪的神学家托玛斯·阿奎纳（Thomas Aquinas）首先提出了人性的七种恶，又称为七宗罪，嫉妒就是其中之一，后来每一种恶都以一个魔鬼为代表，代表嫉妒的魔鬼是利维坦（Leviathan），利维坦是《旧约圣经》所讲的海中巨兽，像一条大蛇，所以蛇也成了嫉妒的象征。根据但丁的《神曲》（*The Divine Comedy*），在地狱里，嫉妒之人的眼睛会被铁线缝起来，这就是他们应得的惩罚。

七宗罪

七宗罪可以分成两类：一类是本能性的，跟身体有关；另一类是精神性的，跟思想有关。在七宗罪中，嫉妒跟其余的相通，在贪婪、淫欲、贪吃中，可以找到嫉妒这个源头，而嫉妒也隐藏着愤怒，骄傲之人遭遇挫败也容易产生嫉妒。

淫欲 愤怒 贪吃	身 体 性
骄傲 贪婪 懒惰 嫉妒	精 神 性

嫉妒绝对是一种伤害性的情感,一方面它包含恨意,另一方面是它的隐蔽性,当事人也未必察觉,如果让嫉妒心不断滋长的话,也有可能做出伤害他人的事。在《如父如子》这部电影中,为什么护士要调换主角的婴儿呢?因为她嫉妒主角有一个幸福的家庭,自己却失去了爱,于是要令别人跟自己一样痛苦。正如前面所言,朋友之间最容易出现嫉妒,因为朋友是志同道合,有共同追求的,但如果一方的成就比另一方高,后者很有可能产生嫉妒。我有一位绘画老师,在艺术圈内享有很高的声誉(当然,这是实至名归的),而那些跟他同期出道的朋友,则难免会嫉妒他的成就,当然不免背后说他坏话。嫉妒也常出现于同行的竞争,《莫扎特传》(*Amadeus*)这部电影正是讲述作曲家萨列里因嫉妒莫扎特的才华,设计将他害死。集体性的嫉妒为害更大,就以第二次世界大战时纳粹杀害了约六百万犹太人为例,表面上是要维护德国人种族的纯粹性和优越性(犹太人被视为低等的民族),但骨子里其实是嫉妒犹太人。在德国,犹太人的人数还不到十分之一,但已占据了一半以上的高职位,如医生和律师,很多知识分子都是犹太人,犹太人所取得的巨大成就远高于他们的人数比例。嫉妒不但存在于种族之间,也可存在于国与国之间,并由此引发战争,例如 1990 年伊拉克入侵科威特,其原因之一某种程度上就是伊拉克嫉妒科威特的经济繁荣。嫉妒之恨一旦被释放出来,并付诸行动,后果是相当可怕的。

竞争本身没有问题,正所谓"有竞争才有进步",对个人和社会都有好处,所以克服嫉妒的方法应从个人层面入手,培养宽容的德性,改善心胸狭窄和"红眼症"等毛病。西方文化有基督教所讲的爱,体会上帝的大爱,由此发展宽容的品德;而中国文化则有道家的宽容思想，从整体来审视事情，能开阔胸襟，消解个人的狭隘心理。

嫉妒的原因与结果

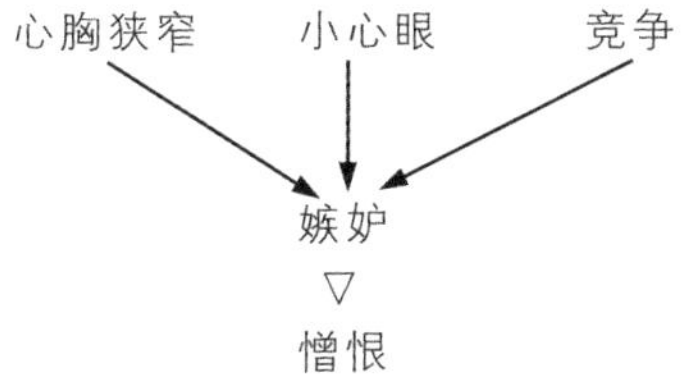

有些行业容易出现嫉妒，有些则比较少。根据我的观察，艺术界和学术界都是容易产生嫉妒的行业，正所谓“文人相轻”。记得在大学读艺术系的时候，上 A 老师的课，A 老师就会批评 B 老师的画；到上 B 老师的课，B 老师亦会毫不留情地评论 A 老师的作品。艺术界之所以充满嫉妒，我想主要原因有两个，一个是艺术家的情感太过丰富，容易因他人的成就而感到精神上的痛苦。我那位绘画老师就经常告诫我，不要随便批评艺术家的作品，批评艺术家是一种罪过，因为感性重的人特别容易受到伤害。艺术界充满嫉妒的另一个原因是，艺术界跟别的界别很不同，并不存在客观的评价标准，艺术评论其实是很虚的，于是艺术家见到同行功成名就时，就容易产生不忿，出言批评，或恶意诋毁别人的作品。别以为艺术家都轻视名利，艺术家也不过是常人，有些甚至比普通人更重视名利和权位。

相反，体育界就是一个最少嫉妒的领域，因为运动员着重体能和意志的锻炼，思想比较单纯，少了艺术家的精神负担；另外，谁跑得快、谁跳得高、哪队有较多的入球，全部都有客观的衡量标准，胜负一目了然，谁也不可以抵赖。不幸的是，我处于充满嫉妒的艺术圈和学术界，但我有一个方法来消除对方的敌意，就是称赞对方的作品，令他有被尊重的感觉；不过，很多时候我都没有这样做，因为我更喜欢享受他人嫉妒所带来的快感。

那么哪些人最容易产生嫉妒呢？尼采（Friedrich Wilhelm Nietzsche）认为是弱者，特别是精神上的弱者，软弱之人的报复心也特别强。尼采相信，法国大革命之后的一连串革命，就是由嫉妒所引起的，是精神上的弱者嫉妒精神上的强者。尼采也认为，基督教是一个嫉妒的宗教，因为它是由精神上的弱者所组成，用道德来压制精神上的强者。要注意的是，尼采是用精神性的强弱来区分强者和弱者，一个处于上位的人也可以是精神上的弱者，加上身为上位者，自尊心难免过强，那就很难容忍属下的能力比自己强。事实上，不少上司都会嫉妒有能力的下属，即使贵为帝王也不例外，特别是那些职业皇帝，生于深宫之中，在充满嫉妒的环境中成长，也最容易滋长嫉妒之心。

那么，男人和女人，谁又较容易嫉妒呢？很多人以为女人较易嫉妒，不是吗？"嫉妒"这两个字都是"女"字边，跟女性有关，"嫉"还跟"疾"相通，连孔子也说："唯女子与小人难养也，近之则不逊，远之则怨。"的确，有不少怨恨是来自嫉妒。然而，女性的嫉妒很大程度是源于社会的不平等，古代女性没有机会读书，大部分又缺乏谋生的能力，不得不依靠男性，加上三妻四妾，所以容易争风吃醋，滋长嫉妒之心。但不要看轻女性的嫉妒，当嫉妒之心所累积的怨恨爆发出来，她们也可以做出十分残忍之事，例如汉初吕后在刘邦死后，就立刻对付刘邦的宠妃戚夫人，手法极为残忍，将她的手脚斩断，连眼睛和耳朵也毁掉，成为"人彘"，放在厕所之内，汉惠帝看见，几乎被吓傻。由此可见，建立一个公正的社会，消除性别和种族的不平等，让大家都有平等机会争取社会利益，有助消除源于不平等的嫉妒。

嫉妒 VS 妒羡

嫉妒的英文是 envy，另一个意义相近的词是 jealous，中文的翻译是妒羡，妒羡的含意有比较正面的成分。

嫉妒	带有恨意，通常针对特定的人
妒羡	对象可以是好的东西，例如尊严、荣誉、公正等

不过，以为女人较容易嫉妒只是一种错觉，男女嫉妒的对象其实有明显的分别：女性较容易在容貌和家庭方面嫉妒对方，叔本华（Arthur Schopenhauer）就认为，漂亮的女性是没有真正的同性朋友的；男性则通常在成就和工作方面嫉妒对方。嫉妒一般只出现于同性之间，比较少有男性嫉妒女性，或女性嫉妒男性。

嫉妒对象＝理想的我

正如前面所讲，我们之所以嫉妒对方，就是因为对方得到了我们所要的东西；换言之，对方其实就是某方面理想的我，而一个什么都嫉妒的人，肯定也是一个贪心之辈。所以，从我们嫉妒的对象可以察觉到什么是我们真正关心的东西，这才是我们应该努力追求的目标。不过，首先我们要衡量自己有没有能力成为我们所嫉妒的对象，如果我连一点绘画天分都没有，就不要嫉妒有杰出成就的画家；但若发现自己颇具潜质的话，那就要尝试向你嫉妒的对象学习，了解一下他为什么会成功，切勿一味说对方的坏话，如“只不过运气好”“拍马屁”“会使手段”等。当然不能否定会有这些情况存在，但一味这样想只会阻碍我们向对方学习，对方的优点可能正是自己所缺乏的。不过，说易行难，因为嫉妒不单是一种负面的情绪，也是一种复杂的情绪，包含了被忽略、不被尊重、不如人，有点恨意，有时又会夹杂着内疚，这种酸溜溜的感觉绝不好受。我们很想尽快摆脱这种状态，嫉妒的一个通常反应就是否定我们所渴求的事物，即所谓“吃不到的葡萄是酸的”，这其实是人类心理的自卫机制。短期如此无可厚非，但长期下去就会对自己大大不利，我们要将嫉妒的能量转向建设性方面，这样不但有助于迈向成功，更可提升自己的情操。

叔本华认为，善妒之人终日在意别人做什么，一发现自己不如人，就会万分痛苦，所以消除嫉妒的一个方法正是少注意别人，多留意自己，若跟别人比较的话，永远会有人比你优胜，但若跟自己比较的话，多多少少会发现自己比以前有进步，这样就可将负面的情绪转化为肯定自己的力量。所以有人认为，消除嫉妒的一个方法就是不做比较，正所谓“人比人，比死人”；但如果不做比较，又怎样了解他人比自己优胜的地方呢？所以我认为，对于自己真正渴求的东西，比较还是需要的，而比较的重点不在于对方的实际成就，而是他赖以成功的原因，继而反省自己的不足之处。“比上不足，比下有余”是很多人自我安慰的方法，但这句话也可以这样理解：“比上不足”是要激起我们上进之心，“比下有余”则要我们别忘感恩之心。

嫉妒的心理分析

心理学家盖林(Willard Gaylin)将人的嫉妒心理分为四个阶段,虽然并不符合每一种嫉妒的情况,但也有一定程度的普遍性。

第一阶段	欠缺	▷	带有恨意,通常针对特定的人
第二阶段	比较	▷	别人拥有自己想要的东西,于是不断跟人比较
第三阶段	无力	▷	感到自己无力实现自己的目标,开始痛恨他人
第四阶段	斗争	▷	恶意攻击嫉妒的对象

建立自尊

前面已讨论过一些克服嫉妒的方法,比如说从客观环境方面,建立公正的社会制度,消除源于不平等对待的嫉妒;在个人方面,视嫉妒的对象为成功的榜样,将嫉妒之心转化为提升自己的力量,当你拥有嫉妒对象的成就时,自然就不会嫉妒。当然,一个事业有成的人比较少会嫉妒他人,因为自我感觉良好,但这种自尊是基于外在的成就,一旦环境有变,风光不再,自尊就可能会瓦解。所以,我认为更彻底克服嫉妒的方法不在于外在的成就,而是建立相关的德性,例如前面提到的宽容,还有更重要的,就是自尊。

什么是自尊呢?就是真诚对待自己所产生的肯定力量,包括对自己的价值观有清晰的了解;也可以说,察觉到自己的独特性,在这个意义上讲不要比较，就是不要比较一些无谓的东西，这样才能客观理性地看待别人的成功，找出自己的不足之处。相反，面对别人的成功，嫉妒之人爱说否定的话，贬低他人，以保卫自己的形象。从这个角度看，嫉妒有着自卑的根源，建立自尊不单能消除嫉妒，也是克服自卑的方法。

以上所讲的是消除自己的嫉妒之心，但若遭人嫉妒的时候，又该怎么办呢？之前我也讲过一个方法，就是称赞对方的优点，令他觉得受尊重，不如人的感觉就会消失。但被人嫉妒也不是一件坏事，中国人有一句话叫作“不招人妒是庸才”，古希腊政治家地米斯托克利（Themistocles）也说过类似的话：“如果从未有人嫉妒你，这代表你一生未有什么辉煌的功业。”而更高层次的反应就是，遭人嫉妒之时，要表现出为人而活，做出贡献，那对方就无话可说了；当然，不但是外表，内心也要这样。

关键词再思考	人际关系　竞争　憎恨　理想的我　比较　自尊
相关篇章	《自卑》《愤怒》《勇气》《爱情》

这幅画的主题是该隐杀死亚伯，作者是16世纪威尼斯画派的著名画家丁托列托（**Tintoretto**），名为《该隐杀亚伯》（***The Murder of Abel***）。丁托列托一反威尼斯画派的华丽色彩，善于运用明暗的对比来制造戏剧性的效果，在这幅画中，丁托列托就用了明暗来凸显该隐的罪行，该隐的背部处于阴影之中，而亚伯的背部则位于明亮之处。

《该隐杀亚伯》（1551—1552）

作者：丁托列托
原作物料：油彩
尺寸：149cm×196cm
现存：威尼斯学院美术馆

自卑

要自卑，当皇帝也会自卑；
不自卑，做乞丐也不会自卑。

小时候母亲带我去剪发，总要求理发师替我剪超短发，俗称“陆军装”，因为对她来说，这既方便打理，又省钱(因为要很久才需再剪发)；但对我来说，每一次剪发都是噩梦，因为觉得短发的我十分难看，莫说是上学，简直就不想见人，心情十分低落，这就是自卑。

除了以上剪短发那种周期性的自卑外，小时候的我还有另一种自卑，那就是觉得自己的名字太老土，什么“光宗耀祖”，感觉十分封建和落伍。当然，现在我不会认为短发难看，名字也只是一个代号，没有什么大不了，除非叫作“吴德建”之类，容易被人取笑为“唔得掂”。由此可见，小时候主观感受较多，而且太过重视他人对自己的评价，不能客观地看待自己，有些年轻人甚至只是由于生暗疮而自卑，难怪有人说成长就是由主观走向客观。

虽然说年轻人容易太过敏感和以自我为中心，但无可否认，有些东西又确实存在高低或优劣之分，如样貌、成绩、能力、家境等，爱跟人比较的话，就容易产生自卑感。就以学历为例，虽然是客观事实，但由于学历低而感到低人一等是价值判断，并且是主观的价值判断，所以从这个角度看，单凭改变自己的看法就可消除自卑感。当然，事实上这并不容易，况且即使在思想层面消除自卑，在心理层面还是会存在自卑。

人人都有自卑感

自卑是一种很普遍的情绪，几乎每个人都有自卑的时刻，因为只要跟人比较，就总有不如人的地方，若处理不当，自卑感就会加重，产生各种问题。很奇怪，好像没有什么哲学家讨论过自卑，反而心理学家较重视自卑。著名的个体心理学家阿德勒（Alfred Adler）

说,每个人都带着不同程度的自卑成长,因为每个人都会经历幼儿阶段,幼儿必须依赖成人,需要成年人的长期照顾才能存活,面对成人,特别是父母,幼儿会感到无力及弱势,这就是幼儿的自卑。阿德勒认为,长大后很多古灵精怪的行为都是源于儿时的自卑,例如追求过度的优越感或权力、病态式的完美主义、带有攻击性的自我保护,甚至是恋母情结。某种程度上讲,这些近乎病态的行为都是对自卑的补偿。根据阿德勒所讲,恋母情结是精神官能症的一种,如果母亲溺爱孩子,过于保护而不让他接触外界,这样就会容易产生恋母情结,患者要将自己局限于家庭才会感到安全,包括爱情的对象,所以他们不敢到家庭以外寻找爱情,对他们来说,最忠诚的对象就是自己的母亲。至于病态的完美主义者,追求完美就是因为认定自己不够完美,完美主义者十分注重细节,只要某些细节不妥当就会感到极度不安。我认识一个读哲学的人,正是这样的,他每做一件事都要订下某些原则才会安心,并且要求别人跟随他的原则,这样当然无法与人合作,而过分注意细节也令他永远完成不了想做的事。当然,是否所有完美主义者和恋母情结患者都源于幼儿的自卑,我倒是有些怀疑;况且这些幼时的自卑我们可能早已忘记,或封存于潜意识里,当事人也难以确认。

阿德勒指出,有三种儿童的自卑感会特别严重,第一是身体有缺陷的儿童,生理上已经明显不如人,加上如果被人嘲笑和排挤的话,就会更加自卑;第二是被人严格管束的儿童,由于要求过高,儿童往往因不能达标而产生自卑;第三是遭人冷落或忽视的儿童,孤儿就是一个极端的例子,被人抛弃的经历可能会令他觉得自己毫无价值,产生自卑。

自卑感的不同表现

阿德勒指出，自卑感有着不同的表现，即使是安静、稳重也可能是自卑感的一种表现方式。

爱哭闹的孩子	没有足够的能力，以哭闹来争取所要的东西
爱吹嘘的孩子	无力照顾自己，以炫耀来平衡心理
胆小畏缩的孩子	不能解决问题，退回自我的安全堡垒
说话结巴的孩子	怕人不理睬自己，没有自信

然而，自卑使人感到自己的不足，那就有了改善的空间，也有可能将自卑转化为成功的力量，有不少人就是克服身体的缺陷而取得惊人的成就，阿德勒本身正是一个超越自卑的好例子。阿德勒虽然出生于中产的犹太家庭，但自小患有佝偻病，比同年龄的儿童矮瘦一些，五岁时更染上肺炎，险些送命，读书时也不受老师欢迎，自卑和挫折可谓伴随着他的童年，但他通过努力，最终成为医生，也取得了巨大的成就。从阿德勒的例子可以看到，虽然过去的经历会对我们的将来有影响，但不能决定我们的将来，面对相同的遭遇，有人积极面对，有人消极逃避，区别就在于对处境有不同的诠释。例如自小身患残疾，饱受痛苦和歧视，有人会尽力改善自己的处境，并立志长大后要帮助残疾之人；但亦有人躲进自我的世界，变得以自我为中心，而且心想既然上天对我那么残忍，为什么还要帮助他人呢？

虽然阿德勒讲的是心理学，但某种程度也可以视之为哲学，毕竟心理学是由哲学分化出来的，而探讨人性和心理本来也是哲学的工作，并且是十分重要的工作。阿德勒强调的正是人的自主性和努力，虽然过去的经验会影响我们，但不能决定自我，他主张我们应该善于运用过去的经验，赋予人生积极的意义。

阿德勒 VS 弗洛伊德

阿德勒和弗洛伊德(Sigmund Freud)是同代人，也是同行，都是研究人性的心理学家，而且两人都是奥地利的犹太人，阿德勒亦曾加入弗洛伊德主持的“维也纳精神分析学会”，后因思想不合而离开。

弗洛伊德	决定论式的心理学	过去的心理创伤(原因)决定了现在的行为(结果)，例如年幼时受到虐待而产生惊恐症，终日躲在家里
阿德勒	目的论式的心理学	是现在的目的导致现有的行为，例如惊恐症是因为不想走出去，于是制造恐惧不安的情绪

行笔至此，我想起了《千钧一发》(*Gattaca*)这部电影，故事说的是在未来的世界，通过基因改造生产出来的人，智力和体能都十分优秀。主角文森特是一个自然生产出来的人，没有经过基因改造，小时候父母带他去做基因测试，结果是注意力不集中，患上心脏病的概率又很高，预期寿命只有 30 岁，这无疑宣判了他将来的命运。文森特自小的梦想是当航天员，虽然十分努力地去克服先天缺陷，但社会却存在“基因歧视”，他只能够当清洁工人。有一次机会来了，文森特遇上了一个因意外而半身不遂却拥有优良基因的人，这个人将身份卖给文森特，提供基因测试的样本，条件是要文森特供养他。凭着这个身份和自身的努力，文森特成功进入了航天公司当航天员。正当他要去土星执行任务之前，航天公司发生了命案，前来调查的警察竟然是文森特的弟弟，他是通过基因改造生产出来的，在智力和体能上都比文森特好。但小时候有一次两兄弟比赛游

泳，结果竟然是弟弟输了，还被文森特救回一命，自此之后，文森特相信凭着意志和努力就可克服困难，相反弟弟一直耿耿于怀，优越感令他不能接受这样的失败，还想趁这个调查机会报复。由此可见，故事中述说的基因只能决定一个人的样貌、健康、智力和体能，却不能决定一个人的意志力。基因改造可以剔除一个人生理上的缺陷，却无法消除人格上的缺陷，如自私、自大、缺乏同情心等。况且，一个人的健康、智力和体能也有后天努力的成分，不完全是先天决定的，文森特正是凭着后天的努力，克服了先天的缺陷。

自卑的多面性

虽然说不要跟他人比较，但其实我们要通过他人才能了解自己，给自己定位，而比较带来自卑也很自然。但自卑感若处理不当，严重的会导致自卑情结。自卑感不同于自卑情结，有自卑感是正常的，但自卑情结却是严重问题，就以学历低为例，由此感到不如人，这是自卑，但若认为由于学历低，所以永远无法成功，则是自卑情结，学历低变成了一个不努力上进的借口。相反，若自己有高学历的话，就会觉得自己一定会成功，这样就由自卑感走向优越感，可是这种优越感只是对自卑心理的补偿，对改善自己的处境毫无帮助。

自卑感过重也会令人变得封闭，更严重的是自我否定，只是一点不如人，就觉得整个人都变得没有价值。由于不能积极解决问题，个人会变得畏缩，而最彻底的畏缩就是自杀，有些人还将自杀看成是一种控诉。对外的话，自卑也可能会引发嫉妒和愤怒，变成攻击型的性格；因为自卑多是源于跟人比较，所以容易产生嫉妒，眼红他人的成就，这样就会恶意抨击他人，甚至借机发怒。自卑有时也会令人变得自大，因为通过践踏他人，借此抬高自己，平衡了自卑的心理，看来自闭和自大不过是自卑的一体两面。但无论是自闭或自大，都会导致人际关系的问题，难以与人相处。

人的内心既有光明面，亦有阴暗面，但自卑就像一个引子，带出了阴暗的一面，为了逃离自卑的痛苦，有人选择退缩，不敢与人交往；有人甚至逃避现实，染上饮酒或吸毒的恶习；有人会变得脾气暴躁，对社会和他人充满敌意，文争（肆意抨击）武斗（动不动就打架），从这个角度看，自卑似乎是万恶之源。既然自卑感和嫉妒心都源于跟人比较，如果人人都大致相同，那自然就没有自卑和嫉妒，但这样的社会真的好吗？那肯定是一个没趣的社会，也难有进步可言；正因为有差异，大家才会互相激励，力求上进，也许这就是上帝创造这个世界的原因，一方面让我们感受进步的喜悦，另一方面令这个世界多些色彩。

但正如前面所言，自卑也可以有正面的意义，就是觉得不如人，于是努力改进，超越自己，将自卑转化为成功的力量。这是用实际的方法改变自己，而那些不想脚踏实地改变自己的人，只会寻求自我安慰，例如自吹自擂，就像吃不着葡萄的狐狸一样，不惜扭曲事实，将葡萄说成是酸的，这样不但没法改善自己的处境，也不能真正消除自卑。认识产生自卑的东西是可以改变，还是不可以改变，这一点很重要。虽然一定程度上，仪容可以改善，如衣着整齐清洁；但样貌丑陋的人无论如何也不可能变得漂亮,除非整容,我想起了《巴黎圣母院》(*The Hunchback of Notre Dame*)的主角,就是由于外表丑陋而自卑而不敢去爱。有了那些可以改变的东西,我们就有努力的余地,例如能力和成绩都可以通过学习和努力得以提升。

当然,很多人都会自卑,但未严重到伤害自己和他人的地步,不过,容易被人忽略的就是,自卑会令人变得以自我为中心。自我中心是与人交往和合作的主要障碍,根据李天命先生的说法,自我中心的问题主要有四方面:(1)自以为是,凡事只从自己的观点看事物,并且认为只有自己的观点是正确的;(2)自私自利,只关心个人利益,更不惜伤害他人的利益;(3)自尊过度,十分介意别人的批评,往往有过敏的反应;(4)自恋自怜,遇到挫折就退回自我的堡垒,沉溺在自怜的快感之中。从这个角度看,自卑是一个自我处理失当的问题。

自卑的两面性

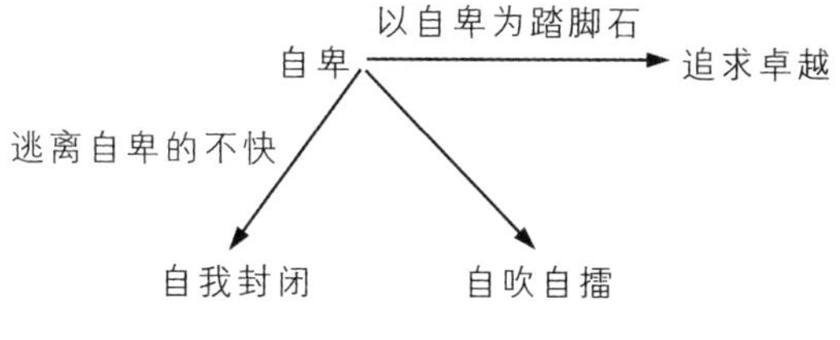

年轻人的自卑

上面提到自卑会令人产生自恋自怜，这其实也是一种心理补偿，年轻人中这种情况比较多。年轻人处于成长阶段，社会化尚未完成，一方面自我未曾确立，对自己的认识也不够客观；另一方面又要承受群体的压力，十分介意别人的批评，而且年轻人比较感性，很容易就触动自卑的情绪。

对年轻人来说，如何疏导自卑情绪是一个很大的问题。有些人通过努力读书来确立自己的价值，这也满足了家庭和学校的要求，但这并不是正确的学习动机，而且容易导致竞争的心态。有些人则从同辈中寻求认同，亦有人走进自我的内心世界，尝试从内心寻找自我。虽然内心可以是一个丰富的领域，但对年轻人来说，那是不容易开拓的，有相当知识和阅历的人才能有所发现，贸然走进内心世界很有可能令人变得封闭，对世情漠不关心，也因此而缺乏谋生和发展的能力，那些不外出工作、躲在家里十几年的宅男就是这样的青年人。很奇怪，这方面的问题以男性居多，也许是我们的文化太强调男性要独立和坚强，反而女性会找人倾诉，少了这方面的问题。当然，宅男不是真正的独立和坚强。有些年轻人既走进内心世界，亦同时关心社会，不过，多数会变得愤世嫉俗。至于那些向同辈和社会潮流寻求认同的年轻人，弄不好的话会产生朋党问题，而且多以追求物质和名牌来满足虚荣心，虚荣亦是自卑心理的补偿。

认识自我是消除自卑的第一步，青年人的情绪比较复杂，自卑、害羞、羞愧、内疚和丢脸往往混杂在一起，所以应先帮他们澄清纷乱的情绪，然后就是认识自己，对自己的长处和短处有客观的了解，此所谓“自知者明”。年轻人比较在意自己的样貌，但老实说，除了你自己之外，有谁会特别注意你的外表呢？就好像我小学时因短发和名字而自卑，根本是多余的。

纷扰混杂的情绪

自卑最容易跟内疚混杂，因为容易由做事不够好，变成了认为自己不够好，而羞愧和内疚又往往有重叠的地方。

自卑	自己不够好
害羞	怕跟人接触和沟通
羞愧	做了不当之事
内疚	做事不够好
丢脸	被人指责，面子受损

克服自卑

前面提到好像没有哲学家谈论自卑，这不是很奇怪吗？恐惧、愤怒和嫉妒都有很多哲学家谈论，为什么偏偏自卑这么少呢？似乎只有李天命先生明确地谈论过自卑，是哲学家不当自卑是一回事，还是他们怕谈论自卑，或是身为哲学家竟然都会自卑是不是很可笑呢？谈论自身的自卑，等于暴露自己的弱点，这也许是哲学家不愿谈论自卑的原因。的确,自卑是难以启齿的,特别是男性,受到性别角色的限制,若向人倾诉的话,往往被视为弱者,甚至遭到嘲笑,那可能会变得更加自卑。

要克服自卑,就要先判定自己是哪一种自卑。有很多种自卑感跟社会的既定标准有关,例如女性因为不够纤瘦而自卑,但纤瘦不过是社会既定的标准。当然,现实中纤瘦可能会受人欢迎,肥胖可能会遭到排挤,由此可见,这种自卑的心理根源是渴求被人认同。明白了这一点,即使不够纤瘦,也可以在其他方面得到他人的认同,例如待人和工作。如果真的因为不够纤瘦而自卑,努力追求纤瘦也不是一件坏事。很奇怪,我们会因样貌、学历、事业、能力等的不如人而自卑,但似乎没有人会因为品德差而自卑。也许真相就是,好品德只会令人羡慕,而不会使人自卑或嫉妒。

男女的自卑之别

既然自卑跟社会的既定标准有关,社会对男女性别角色有不同的要求,也形成了男女自卑的差异。

<table>
<tr><td>女性的自卑</td><td>例如样貌不好、不能成为母亲</td><td rowspan="2">反映出男性主导,男主外、女主内的社会规范</td></tr>
<tr><td>男性的自卑</td><td>例如失败、软弱、追求不到异性</td></tr>
</table>

对于能力和成就方面的自卑,可以做的就是努力学习和工作,追求卓越,克服自己的弱点来消除自卑。要注意的是,重点是放在跟自己比较,而不是跟他人比较上,因为无论你的能力多高,成就多大,总会有比你优胜的人,正所谓“一山还有一山高”,这样无论你多努力,还是会感到自卑。所谓不要比较是针对成就或后果方面,爱

比较的人其实多是爱面子的，别人有什么，自己也要什么，甚至要比别人更多或更好，那就是优越感，也是自卑心理的补偿。只要不断自我精进，就能慢慢增强自信。

但自卑感重的人，即使成功，也不一定能消除当初的自卑感。我认识一个人，在社会上取得很大的成就，但对自己学历低仍耿耿于怀，总觉得别人看不起他。也许在他年轻的时候，就是因为学历不高而被人歧视或冷落，所以在学历高的人面前亦存有自卑。还有一种自卑值得一谈，就是因为过去的失败而产生自卑，这是一种根植很深的不安全感，会导致很多不必要的担忧和恐惧。即使取得相当的成就，原来的自卑也未必能够消除，因为当事人对过往的失败仍十分在意。

不同阶段的自卑

幼儿	需要别人照顾，欠缺能力和处于弱势，自卑虽然埋藏于潜意识，但会对将来的人格和行动产生影响
儿童	身体有缺陷，被人忽略，或是被管教太严的儿童容易产生自卑
青年	自我未完全建立，很介意他人的评价，主观性强，容易产生自卑的形象
成年	多受过去失败困扰而形成的自卑，也有部分人因收入和工作低微而自卑

针对以上两种虽然取得成就但仍未消除自卑的情况，幽默可能是一种解药，那就是用自嘲来化解自卑。能够嘲笑自己的弱点，基本上已能克服这方面的自卑，而且可以将过往失败的经验与人分享，让他人有所得益，也算是对社会的一种贡献。但若要彻底克服自卑，唯有在思想层面掌握自我的独特性，即每一个人都是独一无

二的,那是最纯粹的我,可以没有任何经验内容。比如回想小时候的你,无论在样貌、能力、知识甚至性格上,都有很大的转变,但那还是同一个你。我们可以用李天命先生的“九一主义”加以说明——我虽然考了第九名,不是第一名,但考第一名的人,也不是我的第九名,由此带出人的独特性。即使上帝具有大能,也不可以成为“我”,每一个人都是他生命的主角,是主体,具有无可取代的地位。

如果有宗教信仰的话,也可以从另一个角度上肯定自己的价值。例如基督教说人是按照上帝的形象所创造,并赋予不同的才能。而从佛教的观点来看,则认为每一个人都是走在成佛的路上,只不过在无数次的轮回转生过程中,有些人走得快些,有些人走得慢些。不过,从思想层面消除自卑,并不表示心理层面也一定没有自卑,因为人很受外界环境的影响,当然,去除思想层面的自卑,有助于消除心理层面的自卑。

掌握自我的独特性,就能接受这个经验上不完美的自我,甘于卑微就能减少自卑的不良影响,并愿意展示不完美的我,这就是示弱的勇气,也正是老子的智慧。从这个角度看,也可以发掘自卑的好处,自卑是有用的,因为它会产生向上的动力,轻微的自卑亦可令人谦虚一些。但要完全消除自卑似乎是不可能的,正如前面所说,自卑是源于与人比较,同时渴望他人的认同,这其实就是名心(即虚荣心,渴望留名于世),根据哲学家威廉·詹姆斯(William James)的说法,名心是人心最深层的渴求,比利益和权力还要根本;换言之,要完全消除名心根本是不可能的。最重要的还是成为一个独立、有能力、可跟社会和谐共存的人。

关键词再思考	自卑情结　追求卓越　自我封闭　自吹自擂　寻求认同　自我独特性
相关篇章	《嫉妒》《愤怒》《勇气》《家庭》

据说拿破仑（Napoléon Bonaparte）由于身材矮小而产生严重的自卑，于是以追求权力、发动战争，甚至称帝来作心理补偿。新古典主义画家大卫（Jacques-Louis David）是拿破仑的御用画师，他为拿破仑画的这幅肖像画《拿破仑越过阿尔卑斯山》（*Napoleon Crossing the Alps*），就是要颂赞其攀越阿尔卑斯山的英姿，显示出他是一个英明神武的领袖，以作政治宣传，好让他能够顺利称帝。

《拿破仑越过阿尔卑斯山》(1801)

作者：大卫
原作物料：油彩
尺寸：271cm×232cm
现存：凡尔赛博物馆
注：此画共有五幅，尺寸各异，以上尺寸为 1801 年的版本。

愤怒

与其不生气，
不如学习怎样表达愤怒。

小时候，我们四兄弟姐妹最害怕的就是爸爸发怒，有时只是做错一些小事，也会惹怒他，换来的不只是责骂，也有惩罚，轻则罚跪几小时，重则被拖鞋、皮鞭、衣架或胶水喉管之类的东西狂抽。所以，当我们知道哪一天他要加班，很晚才回家，就会十分高兴，还拍手呢！

长大了出来工作之后才明白，其实爸爸是拿我们出气，可能是因为工作压力，或是在外受了委屈。的确，我们最容易迁怒的就是自己的家人，但无论如何，迁怒于人都是不对的，孔子的得意弟子颜回就能够做到“不迁怒，不二过”，即不迁怒他人，也不会重犯过错，只是简单的两点，也不是要求你牺牲什么去帮人，一般人却很难做到，由此可见修养之难。现在爸爸已经退休了，年纪也大了，没有了昔日的暴躁。不过，我认识一些上了年纪的人还十分易怒，只要稍微受人怠慢就会立刻发火，易怒已成为他们的性格。发怒不但会破坏人际关系，对自己也不好，因为愤怒是一种强烈的情绪，会给身心带来不良的影响，正如托尔斯泰(Leo Tolstoy)所说：“愤怒对别人有害，但愤怒时受伤最深的还是自己。”

在各种情绪之中，以愤怒的力量为最，也是最难以控制的情绪。记得小时候有一部外国电视剧叫作《绿巨人》(*The Incredible Hulk*)，主角是一位医生，故事说他一发怒就会变成绿色巨人，力大无穷，并大肆破坏。发怒的确有着本能性的一面，当你生气时，杏仁核会刺激肾上腺，身体会感受到一股力量正要爆发，你会向惹怒你的人怒目直视，甚至出言攻击，血液也会流到手上，随时准备打架。从进化的角度看，愤怒亦有保护自己的价值。当你遇到有人插队、随地抛弃垃圾、在不准吸烟的地方吸烟时，难道你不会愤怒吗？

愤怒的伤害性

愤怒跟嫉妒一样，是基督教所讲的七宗罪之一，有时嫉妒也可能是愤怒的原因，例如嫉妒他人的成就，有感于自己怀才不遇而愤怒。不过，嫉妒的对象是他人，而愤怒的对象却可以是自己，例如感到自己的懦弱而愤怒，当然，大部分愤怒的对象都是他人。愤怒会引致冲突、吵架甚至暴力，后果可能很严重。从佛教的角度看，愤怒可以归入三毒之一的“嗔”，乃毒害心灵之物。佛教认为，愤怒的原因往往是一些执念，而愤怒则会令我们陷入狂乱之中，怀恨地出言攻击，还可能在行动上伤害对方，产生了意、口、身三方面的恶业。《星球大战》(*Star Wars*)这部电影也强调愤怒是来自黑暗面的强烈情绪，天行者就是由于愤怒而掉进了黑暗面，变成了黑武士维达，此可谓“由怒生恶”。

思　惑

佛教将三毒归入思惑，是思想出了问题，思惑共有五种，乃修行者必须克服的。

三毒	贪	贪名利、贪图享受、贪恋一切
	嗔	发脾气、怀恨在心、怨天尤人
	痴	痴呆、痴情、痴心妄想
慢		傲慢、自负、自以为是
疑		不相信他人，怀疑所有真理

的确，愤怒可以导致一个人完全失控，继而做出鲁莽的行动，例如一怒之下杀人。即使不是那么严重，我们不也是常常在愤怒过后，后悔自己的恶言恶行吗？而历史上亦不乏因愤怒而影响大局的

事件，例如明末时，山海关守将吴三桂因爱妾被李自成抢走，于是冲冠一怒，放清兵入关，促成了改朝换代。又例如三国时，刘备因为好兄弟关羽被杀，盛怒之下要向东吴进军报复，不理会诸葛亮的劝告（当时曹操刚死，这是联吴伐魏的良机），结果大败而回，不但损失了领土，还为此染病而死。由此可见，愤怒会妨碍理性思考，做出错误的判断，盛怒中更不宜争辩，有人甚至主张要停止思考，或是离开现场，让自己冷静下来。在但丁的《神曲》中，犯愤怒之罪的人会堕入充满烟雾的地狱，寓意就是理性受愤怒的情绪所蒙蔽，缺乏清晰性。

至于迁怒则可能导致另一个问题，我称之为“层压式的愤怒转移”。为什么我们会迁怒他人呢？就是因为你不敢向惹怒你的人抗议，于是你会选择一个比你弱势的对象发泄，而这个受害者亦可能会迁怒于比他更弱的对象，如此类推。这样老板会怪伙计，伙计会向他的孩子发脾气，孩子会欺负比他更小的孩子，而这个小孩子也会虐打他的小狗。我怀疑很多发生在学校的欺凌事件，就是来自这种层压式的愤怒转移。提到学校，想起小学时我们会将老师分为两种，一种是恶的，另一种是不恶的，恶的老师不但会骂人，还会施以体罚，其中有一位陈老师十分凶恶，很多同学都怕她，因为她会用力抽打你的脸庞，留下一个红掌印在你的脸上，现在回想起来，她使用了过分的暴力，也许她本身也是迁怒的受害者。

对基督徒来说，愤怒不但不好，还是罪，于是有些人会尽量压抑自己的愤怒，如果真的发怒，也会因此而内疚。而中国的传统教育也强调凡事要忍，避免冲突，总之是大事化小，小事为无。然而，强行压抑愤怒是会伤害身体的，根据中医的说法，怒气会伤肝。的确，有时将怒气宣泄出来是畅快的。其实《圣经》没有完全否定愤怒，正如《以弗所书》说："生气却不要犯罪，不可含怒到日落。"即使愤怒，也不可以做出害人之事。

愤怒的合理性

为什么我们会愤怒呢？通常是发生了我们认为不合理的事，例如被人侮辱，累积了相当的压力，别人达不到我们的要求，等等。在职场和家庭里，工作压力正是发怒的常见原因，例如员工每天都要加班，妈妈有做不完的家务。在这里，我尝试区分两种愤怒，一种是不合理的，另一种是合理的；当然，合理和不合理并非截然二分，两者之间可以有程度之别。例如丈夫有外遇，太太发怒是合理的；但若丈夫只是一时忘记帮太太买东西，太太就大发雷霆，那就未免有点过分。

不合理的愤怒有前述的迁怒于人，另外有一种常见的就是对人要求过高，或是将对方的过失严重化，例如恋人之间的争吵，往往是源自一些小事，就是因为这些小事而责备对方对你不好，那不就是强求完美吗？你恶言相向，对方就会反击，由吵架到打架，很多家庭暴力都由此而来。亚里士多德（Aristotle）认为，愤怒某种程度上是听从理性，但却会听错，就像匆忙的仆人听错了主人的吩咐而做出不当的行动。这是因为愤怒是一种即时的反应，特别是当我们感觉不被尊重时，愤怒就会急急做出回应。

愤怒三部曲

不合理的对待	←	检视是否要求过高
▽		
责骂对方	←	注意表达的恰当性
▽		
采取报复行动	←	考虑后果,有没有必要性

这种愤怒跟某些恐惧一样,也是源于强求完美,但两者的不同在于,恐惧是源于对自己的要求,而愤怒则源于对他人的要求。源于强求完美的愤怒,对象通常是跟自己有密切关系的人,例如恋人、夫妇、母女、父子等,正因为关系密切,我们要求对方的标准就难免会高些,但我们需要反省的正是:是否要求过高呢?最好就是先用这个标准衡量自己。对自己生命中重要的人,报复只会破坏大家的关系,最好就是采取容忍和遗忘的态度。

合理与不合理的愤怒

愤怒	原因	后果
不合理	强求完美,将问题严重化,找人出气	由怒生恶
合理	不公平,损害重要价值	由怒生勇

不过,有时发怒也有正当的理由,就以宣扬爱的耶稣为例,传说中不是也曾在圣殿发怒吗?他还将做买卖和兑换的人赶出圣殿,过程十分暴力。当然,耶稣愤怒是有道理的,因为圣殿是神圣之地,被这些人弄得如此不堪,正如有句俗语说,“佛都有火”,神发怒的理由正是公义。周文王一怒而安天下,推翻了暴虐的商纣,也是基于公

义，可称之为“义愤”。要注意的是，故事中耶稣并非憎恨这些人，是怒而不恨，如果耶稣的怒带有恨的话，他就不配称为“爱的代言人”，因为爱和恨是对立的，而耶稣的暴力也只限于终止一些不合理的事情，目的不是要伤害他人。由此可见，愤怒不一定是坏的，亚里士多德就认为，过多的愤怒和缺乏愤怒都是不好的，要恰如其分。有人认为发怒是毫无用处的，那只不过是拿他人的过错来惩罚自己；但我看未必，例如有时在课堂上面对嘈吵的学生，我也会假装愤怒，才可以镇住他们，有时愤怒不但有合理性，也有必要性。剔除了恨的愤怒就不再是佛家所讲的嗔。

所谓合理的愤怒就是发怒基于正当的理由，例如受到不公平的对待，遇上极不合理之事，有些人并非受害者，但看到重要的价值受损，也会非常愤怒。我记得在大学读哲学时，一位老师说其社区的游泳池竖了一个告示牌，上面写着“禁止家政使用”，他为此感到非常愤怒，还说如果手上有斧头的话，就会将告示牌砍下来。当然，他这样说只是一种姿态，但反映出“平等”正是他心目中的重要价值，他认为禁止家政使用游泳池就是歧视，违反平等原则。正如亚里士多德所说，对不合理的事感到愤怒，并且在应该愤怒的时候才愤怒的人，是应该受到赞美的。很多人批评《旧约圣经》的上帝是愤怒之神，但神为什么会发怒呢？多数是由于人类毁约，所谓“旧约”正是神跟人订下的契约，例如《圣经》中，以色列人膜拜金牛，破坏了上帝的律法，神的惩罚就是让利未人屠杀了数以千计的以色列人。也许有人觉得神的惩罚未免太重，但既然是神，自然有些特权，也不可完全以人的标准来衡量。说到上帝的最大愤怒，传言会是末日审判时才出现的，莫扎特（Wolfgang Amadeus Mozart）的名作《安魂曲》

(*Requiem*)中有一段叫作“震怒之日”,讲的就是这个场面。对人来说,即使愤怒是合理的,但如何表达才适当呢?合理的愤怒有两个意思,一个是愤怒有正当的理由,另一个是愤怒的反应要合适。

如何处理愤怒?

正如亚里士多德所说,谁都会发怒,没有什么大不了,重要的是用适当的方式表达愤怒。愤怒时,一般人的反应不外乎发脾气、强忍怒气、暗地对抗、表达不满等。如何处理愤怒要视乎具体的情况,不能一概而论,但必须知道令你发怒的原因是什么?对象是谁?跟你有什么关系?当然,最重要的是检视愤怒的原因是否合理,有些人受怠慢了就会发怒,其实是自尊过度,自尊过度正是自我处理不当,会引致人际关系的问题,发脾气只是其一的表现。而自尊过度往往是源于自卑的心理,所以应该做的是改善自己。若愤怒有正当的理由,那就要考虑怎样表达自己的不满,让对方知道。但有时形势是自己比对方弱,或是情况不容许你表达,那就可能要强忍。可是,忍着怒气会伤害身体,况且压抑也只会令怒气不断累积,一旦爆发出来,伤害性会更大。所以心理学家通常会建议将怒气发泄出来,例如叫你打沙包,这也是怒气的转移,当然好过找真人出气,但只是治标不治本,比如说上司无理对待,若忍辱的话,对方可能会得寸进尺,而你的敌意和憎恨也没有因另觅方法发泄了怒气而消失。

也有人主张正想发怒时应采用延缓的方法，例如由1数到10，让自己冷静下来。起草《独立宣言》的美国第三任总统杰斐逊(Thomas Jefferson)甚至说，如果是非常愤怒的话，就要由1数到100。这个方法有一定的道理，因为正如前面所言，愤怒有着本能性的一面，是即时的情绪反应，这样做就有时间让大脑运作，用理性控制愤怒。其实早在罗马时代的哲学家塞涅卡(Lucius Annaeus Seneca)就提出类似的主张，他认为延缓是对抗愤怒的最好方法，转移了视线，情绪也就走了。他还写了一本书叫作《论愤怒》(*On Anger*)，可以说是西方第一本讨论管理情绪的专著，其实现代心理学的认知行为治疗有很多技巧也源于此书，不过认知行为疗法忽略了塞涅卡对德性的重视。但塞涅卡的方法只适用于一些不算严重的不合理之事，若碰到重要的事，就很难置之不理，而且生气也是合理的。

要处理愤怒，压抑和发泄其实都不是好方法，最好就是用自制代替压抑，用表达代替发泄。而最彻底克服愤怒的方法还是要改善自己的品德，我认为，克制、慈悲和幽默都是克服愤怒的优良品德。克制不同于强行压抑，克制是预防性的，要平时多加练习，在情绪未发或将发之际察觉，并加以控制。克制也不表示不可以表达愤怒，只是对情绪加以节制，正如《中庸》所说："喜怒哀乐之未发，谓之中；发而皆中节，谓之和。"人的情绪并未波动之前那种心理状态就是"中"，而我们跟外物相遇时，就会产生情，如果情绪的表现能恰如其分，即无"过"和"不及"，那就是"和"。"中"跟"和"是连在一起的；换言之，"中"就是指做人不走极端，恰如其分，跟亚里士多德所讲的"中庸"有相通之处。其实孔子也讲了不少管理情绪、培养EQ的方法。还有一个有效控制愤怒的方法，就是想象自己从愤怒中跳出来，从一个旁观者的角度看正在发怒的自己，那是多么的丑陋啊！想象越得多，就越能在发怒前有一种自觉，叫自己不要发怒。

孔子的情绪管理

孔子特别重视怨这种情绪，怨是对他人抱怨，跟其他八种情绪有关，孔子教导我们如何纾解自己的怨及他人对自己的怨。

<table>
<tr><th>八种情绪</th><th rowspan="9">怨</th><th colspan="2">纾解方法</th></tr>
<tr><td>厌：讨厌</td><td rowspan="4">别人抱怨自己</td><td rowspan="4">律己以严，
待人以宽</td></tr>
<tr><td>愠：生气</td></tr>
<tr><td>怒：愤怒</td></tr>
<tr><td>恶：厌恶</td></tr>
<tr><td>憾：遗憾</td><td rowspan="4">自己抱怨别人</td><td rowspan="4">学诗</td></tr>
<tr><td>悔：后悔</td></tr>
<tr><td>哀：哀伤</td></tr>
<tr><td>戚：忧愁</td></tr>
</table>

慈悲是佛教的用语，可以理解为对他人痛苦和缺点的体谅，并提供帮助，用基督教的说法，也就是爱。慈悲心有助扑灭怒火，避免报复或其他恶意的攻击，但慈悲亦不表示要忍气吞声，正如前面所说，有时生气是合理的，但慈悲会使我们寻找恰当的表达方式及解决问题的方法。举个例子，小孩子发脾气，将家里的东西乱掷一通，你生气是正常的，也要即时阻止他的不当行为，慈悲不是纵容；但同时要了解他为什么这样做，而不是靠打骂来让他屈服，慈悲是谅解和帮助。

有时表达愤怒就难免要指责对方，可能会令对方尴尬或心存怨恨，如果可以幽默一番，不但可以保全对方的颜面，也可能收到意想不到的效果。当我们面对恶意中伤和不合理攻击时，若能以幽默的方式回应，那就无须动怒，因为大家一笑，你就反击成功，赢了。举个例子，当林肯（Abraham Lincoln）胜出选举，成了总统之后，很多上层社会的人都不高兴，因为林肯是鞋匠之子，出身于低下阶层，林肯第一次在上议院发言时，一位议员就对他说："在你演说之前，请记住，你是一个鞋匠的儿子。"很明显，这是想羞辱林肯，也充满阶级歧视，全场的人都笑了；但林肯没有发怒，回应说："非常感谢你令我想起我的父亲，他已经过世了，我也会记住你的忠告，我知道我做总统永远不及我父亲做鞋匠那么好。"林肯说完之后，全场沉默。又例如，有次上逻辑课时，一个学生经常说话，还打电话，阻碍我讲课，最后我忍无可忍，问他为什么不好好上课（其实这是间接地责备他），谁知他竟然反问："学逻辑有什么用？"这一下使我当堂发火（逻辑当然很有用，只是他没有留心上课），于是我说："既然你觉得没有用，为什么还坐在这里？真奇怪！"（事实上，我真的想让他离开）结果全班学生都笑了，他也不好意思继续说话。

三种克服愤怒的德性

中国哲学擅长人生处世，个人认为，儒、佛、道三家思想分别有助于我们培养克制、慈悲、幽默这三种德性。

控制愤怒	◁	克制	◁	儒家
消解愤怒	◁	慈悲	◁	佛家
转化愤怒	◁	幽默	◁	道家

我是愤怒

虽然说遇到不合理的事愤怒是正常的，但对于“不合理”的解释每个人都可能有些不同，即使完全一样，对“不合理”的容忍也会有差别。有些人遇到交通堵塞或者航班延误之类的事都会发怒，自问在这方面的容忍能力较强，即使有人对我做了错事，当然是指不严重的事，例如不小心将咖啡倒在我身上，我都不易动怒。但有两种情况，我会按捺不住要发怒，第一，明明是对方有错，却将责任推到我身上，例如那个将咖啡倒在你身上的人，不但没有向你道歉，还责怪你撞到他的咖啡，这是被人冤枉的愤怒。第二，跟人讨论的时候，对方谬误百出，你给他指认出来后，他还继续诡辩连篇。有次碰到一而再，再而三地诡辩的人，我控制不住怒气要大骂对方，幸好在骂人之时还能理性思考，不会说话不饶人。但面对不可理喻的人，为免自己动怒，最好还是避之则吉。

说到自己的愤怒，我想起了 Beyond 乐队的一首歌曲，叫作《我是愤怒》，收录在 Beyond 最后的一张唱片《乐与怒》中，乐与怒是 rock and roll 的音译，即是摇滚乐。虽然摇滚乐有不同类型，有些十分颓废，但也有不少表达出年轻人对现实的不满，例如不公平和战争，亦反映出他们对自由、爱情及美好生活的向往。年轻人既感性又精力旺盛，容易因感受到社会的不公而愤怒，通常我们会说年轻人愤世嫉俗，但也有可能只是我们自己麻木了，所以无动于衷。年轻人的愤怒其实是一股推动社会改革的力量，叛逆也不过是不盲从权威，这也是为什么我们需要年轻人的原因，可以说，没有了年轻人的愤怒,社会也欠缺了改革的动力,问题是如何将怒气转化为达成目标的力量。写到这里,我忽然想起了岳飞的《满江红》,这是一首表达愤怒的佳作,也反映出他收复河山的坚定意志,此可谓"由怒生勇",有别于"由怒生恶"。

关键词再思考	愤怒转移　强求完美　公义　克制　慈悲　幽默
相关篇章	《嫉妒》《自卑》《勇气》《正义》

日本佛教塑像跟中国的有一个主要区别，就是多了明王，这是受了密宗的影响，“明”即是咒语，明王亦即咒语之王，或真言之王。据说明王是佛或菩萨的愤怒化身，用以降服妖魔鬼怪，亦可激发信众的信心。明王有很多种，在日本京都的东寺，你就可以找到不动明王、降三世明王、军荼利明王、大威德明王、金刚夜叉明王等。右图所绘的是不动明王，乃大日如来的化身，亦是明王之首。

《不动明王像》(839)

作者:不详
原作物料:木
尺寸:高 173.3 cm
现存:京都东寺

勇气

在各种精神力量中，
以勇气为首。

小时候最喜欢看的一部日本卡通片叫《绿野仙踪》，剧中有三个有趣的角色，稻草人、铁罐人和狮子，他们跟随主角桃乐丝寻访大巫师，求他实现愿望。其中最特别的是狮子，因为狮子要求巫师赐给他勇气，但狮子本来不就是勇气的象征吗？一头缺少勇气的狮子的确十分痛苦。但勇气不是他人可以给你的，而是来自自己。

很多令我有深刻印象的价值观，最初都是来自电视剧和卡通片，例如上述的勇气；又例如毅力，来自小学时所看的日本电视剧，特别是有关运动的，记得有一部讲排球的叫《青春火花》，另有一部讲游泳的，好像是《绿水英雄》；至于正义，那当然是来自超人电影和警匪片。那么，我们在学校学到了什么价值观呢？那就是勤劳、谨慎、服从、孝顺等之类有利于维持秩序的价值观。可是，学校并没有教授我们勇气，也许老师认为学生有勇气不是好事，会变得容易争辩、生事和反叛，学生最好就是听话。

我越来越感到勇气的重要性，甚至远超智力和其他才能。我发现有很多聪明、有学识和能力的人，在社会上并不十分成功，可能就是因为太小心，怕犯错误，也欠缺面对失败的勇气。有勇气，我们才会挑战自己，克服困难和挫折，这样才会有所发展，取得成功。现代教育并不强调勇气，反而古代社会十分重视这种德性。

古老的德性

勇气是古老的德性，孔子所推崇的“三达德”就是智、仁、勇，而柏拉图（Plato）的四大德性则是智慧、勇气、节制、公正，在东西两大哲人眼中，勇气的地位跟智慧同等重要，而且关系密切。柏拉图认为，理性、意志和欲望是灵魂的三种能力，发展理性就可培养智慧的德性，用理性控制意志则可培养勇气的德性，理性和意志合力控制欲望就可培养节制的德性。柏拉图的理想国有三个阶层：统治者、战士、生产者，正对应着智慧、勇气、节制这三种德性。的确，战士最需要的是勇气，因为他们的职责是上阵杀敌，保家卫国。柏拉图在对话录《拉凯斯篇》(*Laches*)中讨论过勇气，拉凯斯是一名将军，此篇正是以士兵的勇气来探讨勇气的本质，勇气除了坚强的意志之外，还需要有明确的目的，战场是一个令人真正心生畏惧的地方，士兵固然需要勇气，但若有明确和正当的目的，如保卫国土和人民，则会勇气大增。而且勇气是会感染的，这也是为什么士气那么重要。

孔子说："知者不惑，仁者不忧，勇者不惧。"真正的智者不会感到迷惑；真正的仁者不会受环境影响动摇；没有忧虑，真正有大勇的人也没有什么可害怕。孔子认为，人格修养必须三者合一，也可以说，真正的勇气必有智慧和仁爱相伴。如果对应柏拉图对勇气的分析，知即智慧，而仁就是做事的价值，亦即柏拉图所讲的目的。

孔子 VS 柏拉图

孔子认为，智、仁、勇是完整的人格修养；而柏拉图则认为，若一个人的智慧、勇气、节制能和谐并存的话，则是公正的。

孔子			柏拉图		
智 仁 勇	▷	完整的人格	公正	◁	智慧 勇气 节制

墨子虽然是儒家的反对者，但他的事迹却正好体现出孔子所讲的智、仁、勇三者合一。像孔子一样，墨子也周游列国，宣扬他的主张，墨子的一个重要主张是"非攻"，并且身体力行，以实际行动来阻止侵略性的战争。最有名的一次就是"止楚攻宋"，墨子知道楚要攻

打宋，就夜以继日走了十天，由鲁国赶到楚国，说服楚王放弃攻宋，又跟楚王的臣子公输般演示攻防之战，公输般攻了九次，都被墨子击退，公输般的最后一着就是杀了墨子，但墨子早就预料有此一着，所以出发前已吩咐禽滑釐带领弟子三百人到宋国防守，楚王见没有取胜的把握，就放弃了攻宋。由此可见，墨子有大仁，为拯救天下苍生而奔走；有大勇，以不畏死的精神，单枪匹马到楚国说服楚王；也有大智，能击退公输般的进攻，并留有最后一着。如此智、仁、勇兼备的人，简直就是圣人，但孟子竟评他为禽兽，可见孟子也有着狭隘的学派之见。

亚里士多德对勇气的分析也很有参考价值，他认为德性处于两个极端之间，以勇气为例，就在鲁莽和懦弱之间，鲁莽的人往往冲动行事，不顾后果，缺乏的是理性的指引，正如孔子所说“勇而无礼则乱”，没有礼来节制我们的行为，人就会变得鲁莽。鲁莽和勇气的区别除了理性的考虑之外，还涉及做事的目的，例如消防员冒着生命危险进入火场救人，这是他的责任，即使不幸殉职，我们也不会视之为鲁莽。虽然消防员拥有专业知识和训练，但也十分需要勇气，因为没有勇气就不敢冒险。那些追求名声的人通常都不会有勇敢的行动，因为个人名声比他人利益更重要，而有勇气的人刚好相反，将他人的福祉置于个人利益之上。从这个角度看，勇气伴随着责任，还要有牺牲的精神；相反，懦弱的人就往往逃避责任，避开危险，因为他将个人的利益凌驾于他人之上。为了虚荣而不顾危险的人是鲁莽的，但相对于鲁莽之人，更多的是懦弱之辈，这也难怪，因为求生是人的本能，而懦弱的人最容易被恐惧所征服。但别看轻懦弱的人，当他们掌握大权的时候，很有可能变成残暴者，正如蒙田

(Michel de Montaigne)所说："懦弱是残酷之母。"历史上的暴君就有不少是懦弱之辈，因此要杀尽所有可能伤害他的人才会感到安心。

值得一提的还有爱唱反调的老子，究竟他对勇气有什么看法呢？老子说："勇于敢则杀，勇于不敢则活。"这句话时常被人误解，以为老子的意思是胆小怕事，不强出头就能保命，因为勇于敢作为的人会丧命，勇于不敢作为的人就能活下来。在这里，老子提出了两种勇，勇于敢和勇于不敢，勇于敢可以指那些好勇斗狠、鲁莽而行之人，这也是墨子所讲的"恶勇"。但不敢也需要勇气，还需要智慧，判断哪些事是不应做的，不敢并非害怕，而是不显露自己，不标榜自己，这正符合老子守柔不争的处世原则，老子所讲的勇于不敢令我们注意到勇气跟自制、忍耐、谦卑相连。当然，敢于冒险而丧命的人固然有，但人类的进步不就是不甘于平淡而冒险吗？没有勇于敢，不冒险，哥伦布(Christopher Columbus)就不会发现新大陆，人类也不会登陆月球。所以，勇于敢也可以是有价值的，关键在于目的是什么，若有正确的目的和动机，冒险是必须的。

勇于敢 VS 勇于不敢

勇于敢	好勇斗狠，显露自己	▷	不好
	责任感，有明确及正当的目的	▷	好
勇于不敢	不做不义之事，不出风头	▷	好

两种勇气

《斯巴达 300 勇士》(*300*)这部电影讲述古希腊时代斯巴达三百名勇士力抗波斯大军入侵的事迹,当我看到那些身体强壮、孔武有力的斯巴达战士时,就深深感受到形体的勇气,正如柏拉图所讲,战士要保卫国家,上阵杀敌,最需要的德性就是勇气。不过,相比于形体上的勇气,有两种勇气更加重要,它是社会文化赖以进步的必要条件,那就是道德的勇气和创造的勇气。

某种意义上,人类的历史就是由那些捍卫真理,无惧于批评、迫害甚至于丧命的人所推进的,为了真理和义务,敢于忍受苦难,这就是道德的勇气。的确,面对困难,通常我们第一个溜走的品德就是勇气。苏格拉底(Socrates)被指控败坏青年人和不敬神,72 岁高龄时被迫饮毒酒身亡,但临死前仍无畏无惧,还教导大家轮回转生的真理;跟苏格拉底一样,耶稣为传播真理而触怒了当权者,被钉死在十字架上;以《乌托邦》(*Utopia*)一书闻名的托马斯・莫尔爵士(Sir Thomas More),因反对英王亨利八世(Henry Ⅷ)兼任教会首脑而被送上断头台;宗教改革家马丁・路德(Martin Luther)冒着生命危险,拒绝在沃姆斯国会上撤回声明,决不妥协。为了追寻真理,科学家发表了跟教会不同的意见,结果布鲁诺(Giordano Bruno)被活活烧死,伽利略(Galileo Galilei)被囚禁至双目失明,哥白尼(Nicolaus Copernicus)也遭迫害。的确,基督教一度是阻碍文明进步的保守势力,当培根(Francis Bacon)发表《新工具》(*Novum Organum*)时,经验哲学被认为颠覆基督教的信仰;斯宾诺莎(Baruch de Spinoza)因其哲学观点违背教义，被开除了教席，还遭到暗杀威胁；连牛顿(Isaac Newton)的“万有引力”学说也被指控为推翻上帝。政治就更不用说了，昂山素季(Aung San Suu Kyi)为追求民主而被软禁多年；曼德拉(Nelson Mandela)因反抗南非的种族隔离政策，领导争取种族平等，为此入狱长达27年。由此可见，勇气要结合其他德性，如忍耐、谦卑和信心。人类的历史就是由这些追寻真理，谋求人类社会进步的科学家、哲学家、宗教家和政治家所开辟的。

道德的勇气是基于正义，必须发声或采取行动，就像路德因反对旧教的腐败而推行宗教改革，又如曼德拉因反对南非的种族歧视而号召公民抗命，而他们都遭遇强大力量的打压，甚至要冒着生命危险。创造的勇气是指开拓精神、创新和发展，例如哥伦布发现新大陆和早期美国西部的拓荒精神。从这个角度，苏格拉底和耶稣殉道而死，除了展示出道德的勇气外，他们的教训和精神也决定了以后文化发展的方向，开创了新的局面，这也是创造的勇气。

现代社会急促改变，各行各业都要寻求创新和发展，最需要的就是创造的勇气。而最能表现纯粹创造性的还是艺术，尤其是创造新典范的艺术家，例如被喻为绘画之父的14世纪意大利画家乔托(Giotto)，及19世纪末的现代绘画之父塞尚(Paul Cézanne)。乔托要打破一千年的中世纪公式化绘画方式，复兴希腊文化的写实精神；而塞尚则要摆脱建基于文艺复兴的写实传统，当塞尚发现了新的绘画空间形式后，一方面，他预料会对艺术的将来产生巨大的影响，另一方面，他又怀疑这个方向的价值和意义，这就是为什么创造需要勇气；因为创造固然有可能失败，遭到守旧势力的批评，也要面对自己的怀疑。

道德与创造

人的基本能力可分为四种，理性和知性要依靠后天的学习才有所成，而感性和悟性的先天成分较重。

道德 ▷ 理性、知性

创造 ▷ 感性、悟性

▷ 人的能力

人生的力量

也许你认为自己又不是想做什么伟人，用不着这样冒险；但即使对一个普通人来说，勇气也是非常重要的。如果我们回顾一下自己的人生，就会发现有很多事由于缺乏勇气而没有付诸行动，现在难免感到后悔，例如当初没有向心仪的对象表白，求学时不敢表达自己的意见，为求安稳而没有毅然转职去寻找自己的理想，等等。当然，表白有可能遭到拒绝，发表自己意见会被批评，转职亦有可能出现经济困难；但人生需要冒险，否则难有进展，冒险正需要勇气。又例如人际关系，我们很多烦恼都来自人际关系，但同样地，我们大部分的幸福也来自人际关系，我们固然恐惧孤独，但也会害怕淹没在人际关系之中，无论是独立自处或建立关系，都需要克服恐惧的勇气。

根据实用主义哲学家杜威(John Dewey)的说法，人生是一个解决问题的过程，要解决问题，就必须克服困难、面对挫折、改善弱点，需要的是勇气。比如说人性的弱点如恐惧和自卑就需要勇气才能战胜，经历人生低潮的时候，我们更需要坚持的勇气。记得参加大学迎新营时，学生们都神采奕奕，充满喜悦，因为实力得到肯定，能够继续升学，几乎每个人都充满斗志；但更重要的还是遭遇失败和挫折的时候怎样处理，这才是成长的关键，有勇气的人会从失败中找出成功的方法，在挫折里觅出幸福的种子。当然，目标越高，失败的机会就越大，我们要有面对失败的勇气，这样失败才会使人坚强，我们才能从失败中学习，而最失败的人生就是从来没有失败过，因为不肯尝试，做出挑战。正如尼采(Friedrich Nietzsche)所说："那无法杀死我的，将使我更加强大。"

虽然尼采批判道德的普遍性和强制性，还自称为非道德主义者，但其实他十分重视勇气这种德性。在《善恶的彼岸》(*Beyond Good and Evil*)这本书中，尼采提出的四大德性是勇气、洞悉、同情、孤独，而在《黎明》(*The Dawn of Day*)一书中所主张的四种德性则是真诚、勇气、大量、礼貌。勇气是两书都有提及的德性，可见其在尼采思想中的重要性。尼采认为，德性是用来提升我们的精神力量，而勇气之所以重要，首先，它是我们求知的动力，关联着理性和智慧；他更认为我们必须危险地活着，不要贪求安稳，只重复或维护旧有的规范，人要敢于冒险才有创造性；还有，我们需要勇气来不断克服弱点，超越自己。尼采推崇的另一个德性是真诚，勇气与真诚是最佳拍档，真诚的人不会逃避真相，但若真相太过丑陋，就必须有勇气才能面对。

培养勇气

人的身体经过锻炼，体能会得到提升，但也有一定的限度；相比之下，精神力量增长的幅度却大得多。在各种精神力量中，以勇气的增幅最大，而勇气亦是赋予行动的力量，没有勇气，其他德性也会褪色。没有勇气的爱，可能会制造依赖；缺少勇气的义，或会沦为妥协。人跟其他生物不同的地方在于，一棵树自然就会生长，不需要意志，不用抉择，我们则要通过选择才能成为自我，由此可见，勇气其实是人类生存不可缺少的品质。

但如何培养勇气呢？要针对不同的情况，有时我们只是害怕做某些事，例如读小学时我最怕的就是当众说话，尤其对象是陌生人，那几乎要了我的命。有一次竟然被老师选中参加校际讲故事比赛，当时心想有台风之类的事发生就好了，很奇怪，经历那次比赛之后，我就没有那么害怕当众说话了。由此可见，提升勇气的一个方法就是做自己害怕的事，面对恐惧其实有助找回勇气。另一种情况是，我们明明知道有些事应该做，却没有行动的勇气，这就是因为意志薄弱，或是抵不住诱惑，所以，可以由强化意志来培养勇气。

孟子所讲的“养气”或许也有参考价值，气是来自人的自然生命，但它本身是盲目的，气是力量的来源，人有气才会有力。如果人能够心志坚定，就可带动气，产生力量，这就变成勇气；但气也会反过来影响我们的心志，令我们冲动行事。所谓“养气”，就是将这股自然之气，转化为孟子讲的“浩然之气”，这正是道德的勇气。不过，“养气”要配合“知言”才有更好的效果，知言就是善于分析别人的言论，对不合理的言辞加以批判，指出其错误的地方，这就是正心。从这个角度看，锻炼身体和思考力也有助于培养勇气，因为勇气的“气”来自自然生命，知言则涉及思考能力。

记得读书的时候，大部分同学都缺乏提问的勇气（当然也包括笔者在内），这可能是由于传统的权威式教学，提问就好像挑战老师的权威。而我的学习方法也很有问题，其中一个就是不能面对失败，例如考试完了，老师会跟我们对试卷，但因为害怕面对错误，根本没有用心去听，那就错过了改进的机会，而那些考试一结束就去对答案的学生，就可避免犯相同的错误。现在回想起来，不敢提问，不面对错误其实都是源于以自我为中心，只关心别人对自己的评价。从这个角度看，减少年轻人的过于自我，培养贡献感，就等于赋予勇气，因为若喜欢做出贡献，就不会怕失败，也会想办法解决问题；相反，那些只顾自己的年轻人，只重视他人对自己的评价，反而不能面对失败，但没有失败就学不到东西，不面对失败就不能更加精进。对年轻人来说，培养勇气十分重要，因为人年纪越大，就会越保守，不敢冒险尝试，年轻的时候没有勇气，年纪大了就更加不可能有勇气。

当然，我不是说不应理会他人的评价，从他人的评价中我们可以认识自己，但完全将自己的价值奠基于他人评价之上则是不智的。人要有远大的目光、开拓的精神，这样才不会被眼前的事如考试和工作所局限。要解决问题，首先不要看轻自己，埋怨能力不足、环境不好、没有人脉关系等。勇气跟自强、积极、独立、负责是一体的。也许勇猛进取会给人具有野心或霸道的感觉，不够温和。的确，温和的人会尽量替人着想，但也容易受人摆布而丧失立场，或变得优柔寡断。

艺术是另一个培养勇气的方法，例如希腊悲剧就是描写人在面临苦难时仍能表现崇高的精神及勇气。我认为，审美经验能令我们获得个性和真实性，成为一个更完整的人；因为审美经验能使情感得到净化，带来愉快，而在艺术欣赏的时候，我们需要专注，所以感官会变得敏锐，这些都使得我们成为一个更完整的人。

有一部日本电影我十分喜欢，叫作《切腹》，是我心中的十大电影之一。切腹就是用刀剖开自己的腹部，是以前日本武士为保荣誉而自我了结的方法。本来切腹就需要很大的勇气，因为剖开腹部后，要将肠脏拿出来才算完成整个仪式，那种痛苦非常人能当，需要极强的意志力；但这部电影的精彩之处在于，对切腹这种制度的虚荣和压制有深切的反省，勇气必须来自自己，不是受制于传统和压迫，而复仇的愤怒更令主角勇气大增，以一人之力，对抗几十个武士。所以，不妨借助愤怒，引发我们的勇气；当然，这种愤怒的前提是遭受不合理的对待。

最后，思考也很重要，尤其是思考死亡，思考永恒，你将勇气大增，特别是付诸行动的勇气。

提升勇气的方法

1 做自己害怕的事

2 减少以自我为中心,实践利他的价值观

3 锻炼思考力

4 强化意志力

5 锻炼身体

关键词再思考	坚强意志　明确目的　鲁莽　懦弱　真诚　面对恐惧
相关篇章	《嫉妒》《自卑》《愤怒》《幸福》

米开朗琪罗(Michelangelo)的《大卫像》(*David*)举世知名,大卫是《圣经》中的人物,因战胜巨人哥利亚而成为王者。在这尊雕像中,我们看到大卫充满斗志的眼神毫无惧色,正准备给巨人致命的一击。委托米开朗琪罗创作此像的是当时刚成立的佛罗伦萨共和国,寓意就是共和国(大卫)战胜了把持朝政大半个世纪的美第奇家族(巨人)。

《大卫像》(1504)

作者:米开朗琪罗
原作物料:大理石
尺寸:高517cm
现存:意大利佛罗伦萨学院美术馆

家庭

一个人的家，
对他就像是城堡和要塞。

小时候有一次妈妈扔掉了我心爱的漫画书，我一怒之下离家出走，在外面浪荡了大半天，到了吃饭的时候，肚子很饿，而人一饥饿意志就会变得薄弱，最后还是乖乖回到家里。虽然我们总是对家庭有诸多不满，例如爸爸就从没有带我们去看电影或旅行，但现在回想起来，家庭其实是幸福的源泉，孩子在家庭里得到最好的照顾，也感受到父母的爱。

大部分人都是在家庭中成长，长大之后结婚，组织新的家庭，人类的社会就是这样延续下去，家庭正是社会的基本单位。人跟其他动物不同，我们出生后需要人照顾，受教育多年才能独立，在社会上谋生，家庭在这方面肩负着重大的责任，正所谓“养不教，父之过”。有问题的家庭，也可能产生出有问题的社会成员。儿童未进入幼儿园之前，父母就是主要的施教者，俗语说“三岁定八十”，这三年的教导对孩子的性格起到了决定性的作用，试想出生于知识分子家庭和工人家庭的儿童，家庭背景对他们的成长肯定有着很不同的影响。

虽然说家庭是幸福的源泉，但对很多人来说，也是烦恼的来源，例如，会有如何养育子女、家庭不和、代沟等问题。当然，亦有不快乐的家庭，甚至不幸的家庭，想一想家里若有酗酒的父亲或嗜赌的母亲会怎么样？我记得读小学的时候，子女被父母虐打致死的事是有的，近年甚至还多了父亲强奸女儿的不幸事件发生。也有人对家庭完全抱负面的想法，例如瑞典剧作家斯特林堡（Johan August Strindberg）就说家庭是滋生所有社会邪恶的温床。

家庭与政治

人虽然是由父母所生，但一定要由父母养育吗？家庭只是一种社会制度，制度不可以改变吗？也许有别的制度能更好地发挥照顾和教育儿童的功能。2000 多年前，柏拉图就对家庭制度提出质疑，

《理想国》(*Republic*)是柏拉图著名的对话录之一，在理想国中，家庭制度被废除，社会则有三个阶层：统治阶层、军人阶层、生产阶层，统治阶层和军人阶层称为守护者，守护者负责管理和保卫国家，由生产阶层供养。守护者不容许拥有私产，目的是培养他们无私为公的精神；至于生产阶层，则容许拥有私有财产，因为这样能够激励他们努力工作，提高生产力。取消家庭制度的目的就是要将国家变成一个大家庭，男女平时要节制性欲，只有在特定的时期才可以交合，但也要由国家分配，这是一种优生的考虑，因为上层阶级有较大机会产生优质的下一代，孩子则一律由国家抚养，这样每个人都不知道谁是自己的父母和孩子，不会为私情所绊，以国为家。

亚里士多德是柏拉图的出色学生，同时也是柏拉图思想的严厉批评者。亚里士多德认为柏拉图所主张的共产制及废除家庭完全是错误的，因为两者皆违背人性，财产私有和家庭生活是人的快乐之源，牺牲个人幸福来达成国家的高度团结一点都不合理。虽然柏拉图会说，在理想国中每个儿童都得到大家的关怀和照顾，但素质肯定不及自己的亲生父母，因为根据常理，父母会给子女提供最好的照顾和培养，难怪亚里士多德讽刺地说："宁愿做一个真实的堂亲，也不愿做柏拉图的儿子。"私有制能建立人的自尊心，家庭的教导则培养人的羞耻感，自尊心和羞耻感对人格的健全发展是很重要的。亚里士多德还指出，废除家庭制度会产生偷情、乱伦和淫乱等不良后果，有碍节制这种德性的培养。很明显，亚里士多德比柏拉图重视家庭，而亚里士多德也喜欢以家庭成员的关系来比拟不同的政体。例如父子的良好关系就像君主制，父亲具有威严和支配性，而君主制的堕落就会变成暴君制，在家庭里，父亲就如暴君一样，使用暴力，对子女施以体罚和虐待。

家庭与政治

亚里士多德将家庭关系看成是政治体制的缩影。

家庭		政治
父子关系	良好	君主制 ▽ 堕落 独裁政治
	不好	
夫妇关系	良好	贵族制 ▽ 堕落 寡头政治
	不好	
兄弟关系	良好	民主政治 ▽ 堕落 暴民政治
	不好	

柏拉图为了国家而取消家庭，亚里士多德将家庭看成是政治的缩影，而儒家则将国家看成是家庭的延续，其弊端是忽略了政治有其独立问题要处理。然而，以家庭伦理为君主制的根基，却令社会产生超稳定的结构，虽然2000多年来中国不断经历改朝换代，但社会结构基本上没有改变，国家行的是中央集权，家庭则是家长专制，两者互相支援。汉儒提出了为害千年的“三纲说”，将子女对父亲的孝绝对化，宋儒更讲出“父要子亡，子不得不亡”的话，儿女都变成了父亲的附属物，父亲也很容易成为家里的暴君。巴金的名作《家》对传统专制的大家庭有很深刻的反省和批评，在这部小说中，高老太爷就是一个专权蛮横的老头，他的话就是法律，在他的淫威之下，没有人敢说不，很多家庭悲剧都是由此而生。

的确,儒家很重视人伦关系,而五伦之中,就有三伦属于家庭:夫妇、父子和兄弟,先不论父权制度下性别不平等的问题,人伦设计本身也有其合理性,所谓伦理就是指在人伦关系中,必须有理(即礼)来调节情,这样就产生了义,即义务,情义相连,如"父慈子孝、兄友弟恭"。不过,由于儒家太过强调人在群体中的责任,忽略了个人的价值,可谓"只见角色,不见个人",缺少了对个体的尊重,比方说,"孝"就必须与"顺"相连,那就是近乎无条件对父母的服从。

家的演变

在中国的先秦时期,"国"和"家"是两个不同的概念,当时周天子只是联盟的首领,周分封诸侯,封地称为"国",但天子不能干涉每国的内政,诸侯可以分封大夫,封地称为"家",这就是家的原意,所谓"齐家",就是指所管治的地方有良好秩序。后来家演变为大家族,例如以前香港新界的乡村,通常是同姓居住,大家有着共同的祖先,而乡村的祠堂除了是祭祀祖先的地方外,还负起保卫、惩罚、教育、福利等多种功能。这样的大家族可称为横向性的家庭,有别于后来出现的核心家庭,后者是工业革命以后的产物。

传统西方社会有另一种扩大性的家庭,家庭的英文是 family ,其拉丁原文是 familia,即财产的意思;换言之,family 的原意是经济共同体,也可以说,家庭就是一个互助的生活团队,当时连仆人也算作家庭成员。事实上,只要经济负担得起,家庭结构就会扩大,例如请佣工、保姆、家庭教师,等等。

家的模式

横向家庭	扩大式的家庭,成员之间有亲属关系,通常是由老太爷所生的儿孙及其他亲属组成,是传统的大家庭
直干家庭	由夫妇及其已婚子女和儿孙组成,至少有三代人
核心家庭	由夫妇及其子女组成,子女长大后会离开父母另组家庭

中国传统家庭是由男性家长掌权,一般称为父权家长制,西方传统社会其实也是父权家长制,两者的主要不同是,西方强调父亲的支配权,而中国则较重视子女的自愿服从,即是孝,这正是中国文化的特色。所谓"百行孝为先","先"除了是重要之外,还有另一个意思,就是时间上的先;换言之,孝就是我们最先发展出来的品德,因为我们通常都在一个家庭中出生,首先面对的人自然就是父母,孝就是爱父母。不过,正如钱穆所说,"教孝不教慈",慈是天生的情感,但孝需要后天的培养。

有人认为,导致男女不平等的元凶正是父权家长制,究竟父权制度是如何产生的呢?恩格斯(Friedrich Engels)在《家庭、私有制和国家的起源》(*The Origin of the Family, Private Property, and the State*)一书中提出了解释,他认为人类早期本是母系社会,由女性掌权,因为大部分生产工具都由女性制造和拥有;后来生产方式改变了,畜牧业带来了经济增长,而负责畜牧的正是男性,男性慢慢就取得了权力,人类社会由母系社会转变为父权社会。从字源上,我们也可以找到相关的证据,丈夫的英文是 husband,而 hus 正是 house 这个字的古代写法；农牧业的英文则是 husbandry，跟 husband 有密切关系。几年前有一个婚嫁礼饼广告用“嫁”这个字来说明嫁的意义，嫁就是给女子一个家，而“家”字上面是屋，下面有只猪，这个字也可以印证恩格斯的说法，男人由于饲养牲畜而掌权，成了家的主人。

今天，很多过往父权制度下的男女不平等已经消除，例如只有男性拥有财产权和继承权。但女性主义者认为，性别不平等仍存在于家庭之中，那就是性别角色，我们会在后面讨论。

亲爱之情

正如前面所讲，大部分人一生出来就在家庭之中，有父母的悉心照顾和教导。家庭是温暖的，因为那里有亲情，既有夫妇之情，也有父母子女之间的爱。对一个初生婴儿来讲，并没有人我之分，当他有需要时，就会得到父母的照顾，在这个意义上，他和世界是合一的，所以首先出现的爱就是对自己的爱。自爱是重要的，因为它正是爱的起点，由此发展出其他的爱；弄不好的话就会变成自恋，以自我为中心，凡事只顾自己，对人缺乏同情心。亲情可以消灭人的自私本性，对人的成长十分重要，在家庭里，孩子不但分享快乐，也学会承担责任。

在现代社会，夫妇之所以结合是基于爱情，子女正是爱情的结晶,也可以说是夫妇共同的“善”,亦是夫妇之间的关联。据说没有孩子的夫妇的离婚率高于有孩子的夫妇,为了孩子,父母也得努力工作,这让我想起了林子祥某首歌的歌词:“父母有孩子所赐的劲。”夫妇之爱虽然建基于爱情,但跟爱情有着明显的不同,那就是多了一种共同经营所产生的爱,古希腊人称之为 Pragma,夫妇之爱的重点就在于共同经营一个家。

在人类的各种情感中,亲情可以说是最自然或本能性的,动物也有这种爱,正所谓“虎毒不食子”。亲情也是最没有条件的爱,不像爱情和友情,由于对象有某种品质才会吸引我们。亲情虽然是自然的,但又不可以“奉旨”,例如从来没有负起做父亲责任的人,可以要求子女爱他吗?“要想被人爱,先要令自己变得可爱。”这句话不但适用于爱情和友情,也适用于亲情。亲情虽然是由血缘而来,但并不表示没有血缘关系的就不可能发展出亲情,我们对于熟悉的人,也有可能会发展出像亲人一般的感情,例如主仆相处得久了,也会产生出像亲人般的感情。

爱是需要和给予,但爱也会令人产生依赖,需要会变成无尽的索求,俗语所谓“慈母多败儿”,爱需要理性的指引。弗洛姆(Erich Fromm)在《爱的艺术》(*The Art of Loving*)中指出,爱有四个基本元素:关怀、责任、尊重和理解;但我认为,关怀才是爱的本质,关怀已经蕴含着责任。中国人喜欢将情和义相连,所谓“有情有义”,情就是爱,义就是责任。至于理解和尊重,当然也十分重要,因为可以提升爱的质素;但即使欠缺理解和尊重,也可以是爱,不过这种爱很可能会导致悲剧。例如在《死亡诗社》(*Dead Poets Society*)这部电影中,一所贵族中学来了基汀这位新老师,基汀采用活泼和启发性的教学，鼓励学生追求自己的理想，学生尼尔受基汀的启发，喜欢上了演戏，却被父亲反对，还被迫转校，尼尔接受不了这样的打击而自杀。我们不可以说父亲不爱尼尔，他为尼尔选择这所学校就是希望他将来有美好的前途，只不过他没有理解尼尔的个性和兴趣，也没有尊重尼尔的决定，才会酿成悲剧。缺乏理解和尊重，因爱之名就容易变成控制和占有，爱你变成害你。

家庭的一个功能就是生育，不过，我并不同意“有孩子的家庭才是正常的家庭”的说法。一提到家庭，我们往往会想到孩子，孟子说：“不孝有三，无后为大。”不生育就是不孝，在今天高举人权自由的现代社会，当然无法接受这种思想。不过，我倒认为生育子女是一种孝的表现，但不表示不生育就是不孝，由“如果 A 则 B”是推论不出“如果非 A 则非 B”的。但为什么说生育子女是一种孝的表现呢？因为那是爱的回馈，爷爷奶奶看到自己的孙儿会特别高兴，父母照顾我们多年，到他们晚年可以含饴弄孙的话，那也可以说是我们对父母的回报。

家庭的功能

虽然现代社会的核心家庭已经不像传统的大家庭拥有那么多的功能，但仍有以下三种主要功能。

相依为命	夫妇互相照顾，共同合作
满足性欲	家庭预设了婚姻，婚姻则是性欲满足的制度
生儿育女	延续社会

性别平等与生育

女性主义者认为,长久以来,女性受到男性的支配,而父权制度正是男性运用权力来压迫女性,维护男性的既得利益。即使在今天男女平权的现代社会,还存在所谓性别角色,例如母亲要照顾家庭和子女,父亲则是家庭的主要掌权人等。虽然现在女性也出来工作,但男性工作和女性工作也有明显的差别。很多人认为,这只不过是社会分工,而分工建立于男女自然的差别,例如男人理性、果断、勇敢、擅长分析和批判;女人则感性、柔弱、直觉、善于关怀和照顾他人。所以男性应该担任决策的工作,例如工程师、建筑师、律师等;女性则适合负责一些接待和照顾的工作,如侍应、护士和幼稚园教师等。不过,有人质疑这些所谓男性和女性的特质其实是后天形成的,是教育和社会化的后果,而家庭正是我们学习性别角色的地方。性别角色限制着女性的发展潜能,导致不平等,因为除了工作之外,女性还要负责生育、照顾家庭和子女,所以工作的表现会比男性差,晋升亦受到限制。结果大部分上层的职位都被男性所垄断,例如大法官、大企业的CEO、大学教授等。正如女性主义者西蒙娜·波伏娃(Simone de Beauvoir)所说,女人不是天生,而是后天变成的,性别是一种社会建构。

为什么家庭里的性别角色仍然牢不可破,其中一个原因是家庭一直被视为私人领域。英国哲学家穆勒(John Stuart Mill)就认为我们在私人领域有自由做任何事,只有公共空间才有可能伤害和影响其他人,所以行为才要受到限制,而家庭正是公私之间的灰色地

男女之别

乔多罗（Nancy Chodorow）在《母性的复制》（*The Reproduction of Mothering*）一书中指出，人的个性跟初出生几年的成长经历有着密切的关系，男女之别也由此造成，例如男性比较擅长抽象的思考，讲求公正和权利；女性则比较重视人和人之间的关系，关怀别人的需求。

儿童通常或主要由母亲抚养，父亲多数不在家	▷ 男孩为了认同父亲，必须远离母亲，产生分离意识	▷ 结果是男性重视“分离”，难于跟人相处，甚至是家人
	▷ 女孩则认同母亲，产生关联意识	▷ 女性重视“关联”，照顾和满足他人的需要，因而要牺牲自己，所以在事业上的表现比男性差

带。不错，家庭不同于社会，它的首要德性不是公正，而是爱或情感，它足以抵消家庭成员之间的利益冲突。正所谓“清官难断家务事”，但这并不表示家庭就不可以讲权利和平等。今天，“婚内强奸”的观念已被接受，虐儿亦会受到惩罚，香港也通过了《家暴条例》，以保护家庭里的弱势成员免受暴力伤害。资料显示，大部分配偶虐待事件中的受害者是女性。家务也可以根据平等原则来分担，女性固然要有产假，男性也需要产假，没有理由假定照顾初生子女的责任一定要落在母亲身上。正如女性主义者弗里丹（Betty Friedan）所讲，性别平等不单是女性的事，男性也有份，女性需要走向公共领域，男性则要走入家庭。

有些女性主义者认为，即使家务可以平等分配，但生殖始终只有女性才能做到，男性不可以代劳，而男女不平等的根源就在这里，所以她们主张女性有堕胎的权利。弗尔史东（Shulamith Firestone）在《性的辩护》（*The Dialectic of Sex*）一书中寄望科技的进步，生殖可以完全交由科技处理，由试管授精开始，到胚体培育再到婴儿出生，并且由社会全体负责育儿的工作，全面摧毁家庭制度，这种想法有点柏拉图理想国的影子。艾伦（Jeffner Allen）比费尔史东更激进，她在《母职：女人的毁灭》（*Motherhood: the Annihilations of Women*）一文中指出，母职是男性利用女性身体进行父权再生产的工具，再生产过程包括：异性恋性交、怀孕及照顾孩子。她甚至认为要停止对女性的压迫，就是要女性从母职中解放出来，拒绝当母亲，不要生小孩。

家庭危机？

家庭作为一种制度，对稳定社会有很重要的功能，但核心家庭似乎不大成功，在欧美的发达国家，几乎有一半的婚姻以离婚收场，出现了很多单亲家庭，而再婚的家庭又会令家庭的结构复杂化，多了继父、继母及没有血缘关系的兄弟姊妹，现在还有同性家庭。近年在香港发区，有些反对同性婚姻合法化的人，说要捍卫中国传统的家庭价值，但正如前面所言，核心家庭是工业化的产物，一夫一妻也不过受了西方基督教文化的影响，他们要捍卫的并非中国传统（中国传统是一夫多妻制的）。其实他们要反对的东西还有很多，包括婚前性行为、婚外性行为、包养情妇、私生子女甚至离婚，因为这些都会破坏家庭。

上一节我们看到女性主义对家庭的挑战，而生育科技亦有可能冲击家庭结构，而且也有越来越多的家庭选择不生孩子，单身人士的数量正持续上升。如果核心家庭正走向解体，这种现象是好还是不好呢？从女性主义的角度看，家庭解体当然是好的，因为我们会进入一个性别更平等的社会，但养育孩子的工作谁来负责呢？是否就如柏拉图所讲，由国家负责呢？在柏拉图的理想国中，并没有阶级延续的问题，因为阶级不是世袭，所有人都由国家抚养，即使父母是生产阶层，儿童也可以通过教育成为统治者，用今天的话讲，这就是起步点平等。柏拉图甚至认为，女性经过适当的教育和训练，也可以有足够的能力成为统治者。但这种平等的起步点要靠牺牲家庭来达成，似乎并不可取。

对很多人来说，家庭仍有很大的吸引力，只是家庭形式会变得更多元化。家庭可以理解为一个互助的团队，有着不同的形式，除了核心家庭之外，也可以是没有子女的家庭、单亲家庭、多亲家庭（例如可以有亲父、继父和养父）、没有合法婚姻的伴侣关系，甚至是同性家庭。我身边的共同朋友有很多都是单身主义者，随着年纪的增长，他们之间的关系也越来越密切，大家会住在邻近，在小事上也互相支援，我想起了以前那些终身不嫁的“马姐”所组成的“姑婆屋”，这不就是另类家庭的一种吗？这就是以友情来建立家庭，友谊也正是下一篇的主题。

关键词再思考	人伦关系　父权家长制　关怀　理解　性别平等
相关篇章	《友谊》《爱情》《幸福》《自卑》

家庭预设了婚姻制度,也可以说,婚姻就是家庭的开始。这张画叫作《阿诺菲尼夫妇像》(***Portrait of Giovanni Arnolfini and His Wife***),画中二人正是新郎和新娘,是15世纪时北方文艺复兴画家凡·艾克(**Jan van Eyck**)的名作。画家除了描绘证婚的场面,还加入不少有象征意义的物件,例如新郎和新娘之间的小狗是婚姻忠诚的代表,窗前的橙子则象征婚后多子多孙,还有新郎和新娘的两双鞋,新郎的鞋向外,而新娘的鞋向内,这不就是"男主外、女主内"的性别角色象征吗?

《阿诺菲尼夫妇像》(1434)

作者:凡·艾克
原作物料:油彩
尺寸:82cm×60cm
现存:伦敦国家美术馆

友谊

真正可以选择的爱，
就只有友情。

记得读幼儿园时经常跟两个同学一起玩，小学时朋友比较多，有十多个，中学时也有几个要好的朋友。虽然小学的朋友到读中学时还有见面，但渐渐疏远了。似乎朋友只是阶段性的，不过我仍然很怀念那段在一起的时光，特别是圣诞节时到同学家里开大食会。

的确，我们的儿时朋友大部分都是同学，大家经常见面，有共同的话题，若对方不是太讨厌或自私的话，很自然就会成为朋友。但通常我们只跟同性别的人交朋友，因为一旦和异性在一起，怕会被人取笑，尽管这样做只会强化性别的差异。其实小时候多些跟异性交朋友是有好处的，至少让我们比较了解异性。虽然说我们很容易跟同学成为朋友，但为什么会跟这几个一起玩，而不是另一些同学呢？就是因为大家有着共同的兴趣，例如小学时跟我要好的朋友大部分都喜欢踢足球。

跟要好的朋友在一起虽然十分开心，但有时又会产生帮派问题，这种事情在小学已经出现。我读小学时班中就有两大帮派："兴仔帮"和"柱仔帮"，幸好排斥性不算严重，我属于"兴仔帮"，但也会跟"柱仔帮"的同学玩，阿兴和阿柱分别是两帮的首领，见识比一般同学多，经常出主意，连样子也比较成熟。

爱与人生阶段

人类之间的爱主要有亲情、友情和爱情。亲情是亲人之间的爱，如父母对子女之爱；友情是朋友之间的爱，小孩子上学也就是友情的开始；爱情则是恋人之间的爱，最早出现于青春期。

自爱	初生婴儿，这是爱的起点
亲情	孩子得到父母的照顾
友情	上学之后，开始交朋友
爱情	到了青春期，懂得谈恋爱
上帝之爱	年纪再大一点，思考存在根源跟自身的关系

朋友之爱

古希腊人称友爱为 Philia,但这种爱不一定只存在于朋友之间,也可以存在于夫妇、父子、师生之间。在美国社会,子女待父母如朋友,这种情况在中国人的社会比较罕见,因为我们太重视人伦关系的界线,不过,我们却会将朋友当作亲人,例如有所谓"结拜"和"上契"。有人说,异性之间不可能有真正的友情,我想这句话很大程度上是真的,若异性朋友有着共同的兴趣,很快就会发展出爱情,除非双方早就心有所属,又或者某一方欠缺吸引力。而在传说中神灵的世界,已经没有了亲属和情人,只有朋友的关系,也即是说,神灵之间的爱就是友爱。

虽然亲情和爱情也可存在友爱的成分,但跟友情明显不同。比起亲情和爱情,友情是最不自然、最不本能性的。在人类的情感中,友情不是生存的必需品,没有爱情,就不应有孩子出生(当然,没有爱情也可以交合,产生下一代);没有亲情,孩子也不能健康成长(当然,孤儿院的孩子也可以长大成人),有人甚至怀疑友情可否称得上是爱。对现代人来说,友情的重要性似乎不及爱情和亲情;然而,古代社会却推崇友情,孔子、亚里士多德和伊壁鸠鲁(Epicurus)都重视友情,伊壁鸠鲁甚至认为友谊是幸福人生的构成要素,他说:"智者受到酷刑的痛苦比不上挚友受酷刑的痛苦。"朋友受苦,比自己受苦更难过,恐怕现代人不会这样想。罗马时代的哲学家西塞罗(Marcus Tullius Cicero)更写了一本谈论友谊的书,这本书正是献给他的好友阿提库斯(Atticus)的。中国古代也有所谓"士为知己者死”及“得一知己，死而无憾”的说法，电影《投名状》中描述朋友之间的爱，就有这样的对白：“生不同生，死必同死”及“乱我兄弟者，必杀之”，想来这种朋友之爱也真有点恐怖。在某种意义上，友情是三种爱当中最理性的，因为朋友是自己选择的，志同道合才会成为朋友。人说爱情是盲目的，虽然有点夸张，但爱情的产生通常都是不由自主的，有时甚至失去理智；亲情就更不用说了，天生就是这样的父母兄弟，根本没有选择的余地。

为何需要朋友?

人是社会的动物，我们活在一定的人际关系之中，没有一个人可以独自生存；但是，人可以没有朋友吗？那些孤独的人不就不需要朋友吗？当然，先要厘清一下朋友的意思，朋友是一个含混的概念，它的使用范围并没有明确的界线，由初相识到知己，从儿时玩伴到多年深交，都可以说是朋友。而那些所谓孤独的人，也不是没有人认识，只是没有深交而已。其实孤独的人多数并不喜欢孤独，只是没有人愿意跟其交往，正如西塞罗所言：“人性不喜孤独，友谊使人的生命有尊严和甜美。”亚里士多德也说：“没有人会选择不要朋友，即使他拥有其他美好的东西。”至于那些孤独的哲学家，问题正是难以找到心意相通的朋友。不过，哲学家能够孤独，甚至有时需要孤独，不同于被迫孤独的人。人的确需要朋友，因为跟朋友在一起会很愉快，大家一起吃喝玩乐，有共同的话题，有烦恼时可互诉心事。虽然朋友不一定可以帮我们解决问题，但有人聆听，心里总会好过一些。朋友也是我们学习的对象，就像一面镜子，让我们认识自己，正如亚里士多德所说，朋友就是另一个自己。直到现在，我还是很怀念小学时跟同学一起做功课的日子，大家互相帮助，一起解决问题。孔子也认为朋友对于学习有很大的帮助，朋友的优点，固然值得我们学习，朋友的缺点，也值得我们反省，看看自己有没有这些问题，此所谓"见贤思齐焉，见不贤而内省也"。

亚里士多德将友谊区分为三种：纯友谊（建立于德性）、效益友谊（建立于利益）、娱乐友谊（建立于嗜好）。所谓娱乐友谊就是指那些吃喝玩乐的朋友，也可以说是有乐趣的朋友，这样的朋友不需要很多，只是用来调剂一下平淡的生活；效益友谊指的就是可以互相帮助，得到好处的朋友，这样的朋友可助我们事业有成；至于纯友谊的就是德行朋友，也是亚里士多德认为的真正朋友。有德行的朋友会彼此祝福，真心为对方好，结交德行朋友，双方的才德都会有所提升，这种友谊也最坚固。西塞罗认为，不同于乐趣朋友和好处朋友，有德之人互相吸引，友谊不是来自利益的结合，而友谊必须坚守的原则就是忠诚、坦率和态度亲切。友谊与德性为伴，朋友就能互爱互敬，人性在友谊中得以彰显，幸福亦得以实现。

对亚里士多德来说，友谊不只是私人关系，也有政治的含意，因为友谊是国家的至善，也最能抵抗革命，这一点在现代社会有点难以想象。相反，统治者（尤其是专制的统治者）就不希望有那么多有巩固友谊的团体存在，因为这些都是潜在的反对势力。

有一句话叫作"在家靠父母，出外靠朋友"，朋友会像家人一样支持和帮助我们;但其实在成长的阶段,朋友更是不可或缺的,家人给我们的照顾多是物质方面的,朋友则多是精神方面的,家人不一定了解你,但朋友会了解你,正如前面所说,志同道合的才会成为朋友。对某些人来说,朋友甚至比家人更加重要,因为朋友就是伙伴,一同前行。在早期的成长阶段,父母是孩子的认同对象,但当孩子进入学校之后,就会结交朋友,朋友互相需求,从中也学会尊重,在这个阶段,谁都有所谓“死党”。朋辈的活动以玩乐为主,大家的关系是对等的,跟对老师和父母的服从关系不同,也没有代沟的问题,所以朋辈非常有吸引力,也是认同的对象。对青少年来说,朋辈的认同十分重要,因为朋友可以帮助我们建立自我,所以我们对朋友的评价特别敏感;可是,若交上坏朋友就有可能一起做坏事,这就是为什么西塞罗一再强调要交善良的朋友。

亚里士多德指出,不同阶段的朋友,有着不同的作用,年轻时的朋友可以防止我们犯错,因为善良的朋友为我们提供榜样,也会劝导我们;成年时的朋友可以帮助我们事业成功,因为他们是协商或合作的伙伴;老年时的朋友则可以帮忙照顾,尤其是现在单身人士越来越多,年老时更需要朋友。孔子也说,若朋友死了,得不到安葬

不同阶段的朋友

儿童	建立同等的关系,学习忠诚、平等的价值观
青年人	获取朋友的肯定和认同,建立自我
成年人	事业上得到朋友的支持
老年人	衰弱时得到朋友的照顾

的话，我们就有责任办理其身后事。但是，如果我根本不喜欢这个朋友，是否也有责任呢？康德认为你仍然有责任，即使你讨厌某个朋友，但如果他生病进了医院，你还是有责任去探望他。

朋友之道

友谊跟爱情一样，也有三部曲，那就是交友、相处和终结。首先，什么人值得交朋友呢？在儒家思想中，朋友是五伦之一，孔子和其弟子也谈了不少交友之道，孔子的学生曾子有一句话："君子以文会友，以友辅仁。"意思是要结交志同道合的人，互相辅助，达到仁的境界。孔子也提出一个交友的标准："无友不如己者。"意思就是不要跟不如你的人交朋友，什么不如？当然主要是指道德和学问，一言以蔽之，交朋友要有益处，因为可以向比自己优秀的人学习。但这里有一个问题，如果人人都按孔子的原则来结交朋友的话，则大家都交不到朋友；因为我们固然不会跟不如己者交朋友，但那些比你优秀的人也同样不会跟你交朋友，孔子这句话似有自我推翻之嫌。不过，以上只有逻辑可能性，实践中不会有这个问题，因为一般人都有优点和缺点，即使局限于品德方面也是一样，我学习朋友的优点，朋友也可以学习我的优点，双方皆可得益。当然，如果一个人只有一大堆缺点的话，可能就不值得结交。

有关交友之道，孔子的学生子夏也说了一句话："可者与之，其不可者拒之。”意思是不要胡乱交朋友，跟“无友不如己者”的说法相容；但孔子的另一个学生子张则提出了不同的观点：“君子尊贤而容众，喜善而矜不能。”结交朋友，对于有道德学问的人应该尊重，对于道德学问差的人应该包容。

孔子认为择友要十分小心，应该选择益友，避免结交损友，因为益友令你向上，损友使你堕落。释迦牟尼则认为，若结交不到有德行的朋友，就宁愿独行，就像独角兽一样。

孔子的益友 VS 损友

益友	损友
友直：正直	友便辟：谄媚
友谅：守信	友善柔：虚伪
友多闻：学识广博	友便佞：巧言

结交朋友最重要的是真诚，孔子说：“匿怨而友其人，左丘明耻之，丘亦耻之。”意思是憎恨某人，却将仇怨埋在心里而去结交此人，孔子不屑于这种行为，他最讨厌巧言令色的人。西塞罗也认为，虚伪奉承、讨好谄媚会破坏友谊，因为欠缺了真诚，这样的友谊就毫无意义。

朋友理应互相帮助，但若双方在优势上有明显差异的话，西塞罗认为友谊中较具优势者应尽可能帮助较弱的一方，但要考虑自身的能力及对方会否接受，包括对方的感受，例如会否感到自卑。

我认为，朋友太亲近其实不好，依赖也不好，人应该保持独立性，朋友之间宜保留一点距离，而且要慢慢建立友谊，互相了解，那些所谓一见如故，马上成为好朋友的人，往往会以分开收场，正所谓

“君子之交淡如水,小人之交甜如蜜”。

朋友有过错又当如何呢?孔子说:“忠告而善道之,不可则止,毋自辱焉。”意思是应尽心规劝朋友,但要适可而止,否则就会自讨无趣。西塞罗则认为,朋友犯错,告诫要率直诚恳,切勿曲从附和,不助友为恶和不唆使朋友为恶是友谊的守则。

西塞罗的友谊守则

- ▷ 友谊建基于德性
- ▷ 为朋友担忧是自然和必要的
- ▷ 不助友为恶和不唆使朋友为恶
- ▷ 朋友犯错,告诫要率直和诚恳

在《嫉妒》那一篇,我们谈到朋友之间容易出现嫉妒,前面说过,朋友是志同道合,有共同的追求的,但如果一方的成就比另一方高,后者很有可能产生嫉妒。也许有人说,真正的友情是不会有嫉妒的,真正的爱情也不会怀恨,但这只不过是理想的友情和爱情罢了。朋友和敌人似乎是两个相反的概念,但其实也有亦敌亦友的关系,艺术家和运动员尤其如此,例如著名艺术家毕加索(Pablo Picasso)和马蒂斯(Henri Matisse)就是这样。马蒂斯比毕加索年长,毕加索初到巴黎时,马蒂斯已经成名,但他一眼就看出毕加索这个年轻人非同小可,两人经常聚会,但却紧盯着对方的画作,暗地里进行较量。毕加索的立体主义名作《阿维农少女》(*The Young Ladies of Avignon*)就是用来回应马蒂斯的《生之喜悦》(*The Joy of Life*),这种既是竞争对手又是朋友的两个人,正好互相激励。

一般来说,友谊比爱情持久,但友谊也可能有终结之时,例如朋友犯了不可原谅的错误、遭到朋友的背叛、吵架至反目、彼此政治立场不同、利益上的冲突，等等。但正所谓“君子绝交，不出恶声”，这是最好的处理方法，说不定将来可以一笑泯恩仇，再做朋友。我自己就有这样的经验，曾经有两个朋友向我借钱，并承诺到期会还钱，可是，一个要追很多次才还了部分，另一个则不知去向。经过这两件事之后，我现在的想法是，如果真的借钱给朋友，就不要期望对方会还钱，否则，因为借钱，就可能失去朋友，当然，也可以选择不借钱给朋友。但如果是我向朋友借钱，就一定要谨记还钱。

友谊三部曲

交友	结交善良的朋友
相处	真诚，提防嫉妒之心
分开	不出恶声

友情的堕陷

如果拿友情和爱情比较，友情的排他性比较少，朋友圈加入了新成员，往往会丰富它的内涵，就好像我多年前跟几个朋友组成了读书组，大家轮流定期报告，其间加入了一些新成员，每个人都有所专精，增加了讨论的角度，大家可以分享的东西就会更多。不过，友情也有排他性，不在于朋友圈内的人，而是朋友圈以外的人，在这个读书组就有一位成员，经常以高级知识分子自居，从他的谈话中，总感觉到他有意无意间贬低普罗大众。当然，在哲学和艺术这些领域，我们所知的会比一般人深入，自然产生了一种优越感，但若让它过度膨胀，就会变成排他性的小团体。这种情况在艺术圈特别普遍，一来艺术没有大家认同的普遍标准，同类风格或形式的艺术家就会结成团体，攻击敌对的团体，争取更大的利益，变成了山头主义，结党营私。

说到结党，我想起了中国历代的党争，其惨烈之处，简直是触目惊心。友谊虽然好，却会产生结党的问题，排斥异己，说来好像有点夸张，但外国有些公司明文禁止员工交友，就是要防止这种事情发生。学校的欺凌问题，其实也是结党之害。欺凌总是一帮人欺负受害人，欺凌团体通常都有首领，成员多是服从首领的吩咐，而加入欺凌团体的青少年，有些最初也是受欺凌的目标，为了自保，才加入了欺凌团体。参与欺凌，既得到保护，又有归属感，他们自己不一定喜欢欺凌，但在群众压力下，也不得不从。欺凌是邪恶的，而且会变得越来越邪恶，欺凌集团有可能演变为童党，做偷窃和抢劫之类的勾当，影响治安。校园欺凌也会变本加厉，甚至会有虐杀受害人的事件发生。

或许有人认为欺凌团体并不存在真正的友谊，真正的友谊建立于德性，有德之人不会做出害人之事；然而，在中国历代的党争之中，不少知识分子都是严于律己之人，但结党的排他性依然存在。

朋友的多样性

前面我提到，亚里士多德将朋友分为三种：德行朋友、好处朋友及玩乐朋友，只有德行朋友才是真正的友谊。但有两点我想补充一下，首先，我认为这个分类并非互相排斥的，德行朋友同时可以是好处朋友及玩乐朋友，亦可以是开始的时候是好处朋友或玩乐朋友，但慢慢发现对方的德行，变成了德行朋友。其实我们的朋友往往混合了这三种成分，有些朋友虽然以玩乐为主，但也可以兼有其余两种成分。当然，亦只存在纯粹玩乐的朋友，即俗语所谓的“酒肉朋友”。亦有人认为德行朋友一旦涉及利益就不纯粹，但我的看法是，如果因为利益冲突而有损友谊，这表示他们的德行尚有改进的空间。的确，所谓德行朋友也可以有程度之分。第二，我并不同意将德行朋友称为真正的友谊，因为这种说法会令人以为这个分类是互相排斥的，而且有可能将好处朋友及玩乐朋友看成是假友谊，使人轻视之，我认为好处朋友及玩乐朋友都是友谊，只是理想的友谊必须指向德行。

以为只有德行友谊才是真正的友谊会令我们脱离现实，排斥好处朋友和玩乐朋友。玩乐的朋友其实也不错，懂得炒气氛，出主意。玩乐有什么不好呢？人生多些欢乐不是很好吗？而我们要在世间取得成功，其实也少不了好处朋友，好处朋友的范围很大，包括所有可以帮助你成功的朋友，其中比较重要的有工作上的伙伴。还有一种很特别的朋友，可以是我们的老师辈，或那些比我们年长和优秀的朋友，这类朋友可拓展我们的视野，为我们指示前路，有他们的指导,我们就可少走冤枉路。虽然说朋友是对等的,但对于这类师长型的朋友,我们对他的爱和尊重要多一些,这才合乎比例。

事实上,这个世界存在着各式各样的人,认识不同的人,了解他们的看法,跟他人相处,也正是了解自己的好方法。人一方面有平等性,另一方面有差异性,通过交朋友,就容易了解人的差异性。别轻视德行朋友之外的朋友,即使是点头之交,也是一种朋友,点头就是尊重。

朋友的种类

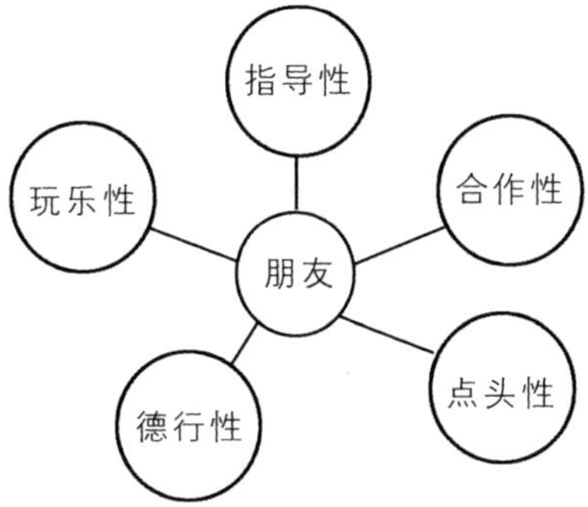

关键词再思考	纯友谊　效益友谊　娱乐友谊　真诚　欺凌　德行
相关篇章	《家庭》《爱情》《幸福》《工作》

凡·高（Vincent van Gogh）和高更（Paul Gauguin）是后印象派的两大画家，其作品的特色就是将色彩和线条从传统的再现性绘画中解放出来。凡·高和高更曾是好友，并一同居住，这件作品《画向日葵的人》（*The Painter of Sunflowers*）就是两人同住期间高更为凡·高画的像，这幅画正好见证两人的友谊。不过有一次双方争吵，高更一怒之下离开，精神异常的凡·高竟为此割下部分耳朵，两人的友谊也就终止了。

《画向日葵的人》(1888)

作者：高更
原作物料：油彩
尺寸：73cm×92cm
现存：阿姆斯特丹国家博物馆

爱情

为什么要海誓山盟？
因为爱情易逝。

读中学时，一个常见的辩论题目就是"中学生应否谈恋爱"，这正反映出大家的兴趣所在。但其实早在小学五六年级，我们就已经对异性发生兴趣，还记得读初一时，我就经常偷望一位女同学，后来终于鼓起勇气打电话给她。其实当时也不知说些什么，可能是借笔记之类，但电话响了很久都没有人接听，最终只得放下电话，舒了一口气。

现在已很少再看到有人讨论“中学生应否谈恋爱”这个题目，大部分小说、电视剧、电影和流行歌曲里也都有爱情的元素。然而，自由恋爱其实是近代的产物，启蒙运动后中产阶级兴起，反对贵族式的门当户对、以利益计算的婚姻。其后的浪漫主义更为爱情增添浪漫激情的色彩。但自从自由恋爱出现之后，我们就不能再将不幸的婚姻怪罪于“盲婚哑嫁”，因为恋爱和结婚的对象都是自己选择的。但恋爱的对象真的是自己决定的吗？爱情往往是不由自主的，很多人不知不觉就坠入爱河，就像中了丘比特的神箭。但科学家告诉我们，那其实不过是荷尔蒙作怪，主要是受多巴胺和肾上腺素影响，这个时候我们只会想着对方，正所谓“神魂颠倒”，有如林子祥《分分钟需要你》这首歌所描述的一样。真相或许是，当那一刻荷尔蒙分泌得多的时候，你碰上谁就容易爱上谁。热恋时的海誓山盟，会说爱你一生一世，这当然是真的；但后来爱的感觉消失，要分手了，也是真的。

爱情至上？

在人类的所有情感之中，相信爱情是最浓烈的一种，也最令人陶醉，我们会感受到浪漫和激情，人也突然间变得无私，以对方的幸福为自己的幸福，我们仿佛都成了教徒，那是爱情的宗教，难怪柏拉图会称之为神圣的疯狂。激情正是创造力的源头，热恋中的男性都会自动变成诗人。由此可见，爱具有创造性，可以令人变得更好。叔本华说激情是一股强大的力量，最后会完全主宰意志。帕斯卡(Blaise Pascal)则认为激情不一定是盲目的，他说："人的精神越崇高，他的激情也越强烈。"精神正是理性和感性的结合。有趣的是，帕斯卡不但说人的本性是理性，也说人的本性是激情，并且说："当人向激情投降时，才能顺从理性。"

可是，爱情这种激情状态不会维持得太久。也许是受小说和电影的影响，我们很容易将浪漫激情等同于爱情或爱情的核心，《泰坦尼克号》(*Titanic*)这部电影之所以受欢迎，正由于它有短暂而激烈的爱情。我读大学时，校园里那些热恋中的男女会被冠以"双头怪"之名，意思是他们经常出双入对，心中只有对方，没有别人，弗洛姆称之为"成双成对的自我中心"。虽然恋爱打破"人我"的界限，是一种愉快而独特的经验，但问题是它会令我们变得视野狭窄，只陶醉于二人世界之中。这种理想化的世界其实无法持久，我们必须面对现实。不过，有人却认为这只是迷恋，不算是真正的爱情。著名的家庭婚姻治疗师路芙(Ruth Greenfield)主张爱情需要学习，共有四个阶段，她将"迷恋期"视为爱情的初级阶段，在这个时期恋人会美化对方，正所谓"情人眼里出西施"，完全看不到对方的缺点，也不理会旁人的劝告，爱情令人盲目就是指这个迷恋阶段。但当两人相处久了，就会清醒过来，需要面对现实，认清对方的缺点。荷尔蒙已经完成了它的工作，接下来就要靠我们自己了。

路芙称下一个阶段为"后迷恋期"，她指出，我们发现恋人所具有的缺点，也往往是自身的缺点，所以这不但是恋人互相了解的好时候，也是认识自己的好时机，很多情人分手就是过不了这一关，正所谓“因了解而分手”。若能安然度过“后迷恋期”,恋人就会进入“发现期”,我们要学习了解彼此的需要,也要学习让对方了解自己的需要,这样大家就有条件共同生活。最后一个阶段是“相连期”,恋人会建立巩固的关系,愿意承担长久的责任。我认为这是一种相依为命的关系,也是互相托付,就好像信托上帝一样。我们常说爱情是浪漫的,但只注意到激情的一面,却忽略了永恒也是一种浪漫,两人能够相爱一世,也算是一种浪漫。

爱情四阶段

迷恋期	受荷尔蒙影响,激情投入
▽	
后迷恋期	面对现实,认识对方的缺点
▽	
发现期	了解双方的需要
▽	
相连期	建立巩固的关系

那些认为迷恋不是真正爱情的人,大抵也会同意路芙所讲的“相连期”才算是爱情。但路芙所讲的爱情发展不过是一种理想,很多人即使结了婚,也可能只停留在第二个阶段。但为什么不离婚呢?可能是碍于世俗的规范,也可能是为了子女的成长,但在现今社会中,更大的可能是离婚的成本太高。

爱的真谛

爱情既然是爱的一种，要了解什么是爱情，其中一个方法就是先认识爱是什么，然后再看看爱情跟其他的爱如亲爱、友爱等有什么分别。

我认为爱有双面性，就是需要和给予。人需要爱，因为人害怕孤独，需要他人的关怀，也需要亲密稳定的关系，人被爱，自我价值亦会得到肯定。从这个角度看，人之所以追求爱，就是有所不足；正如哲学的原意是爱好智慧，由于人没有智慧，所以才需要追求智慧。这样说来，好像需要就是被爱，而给予就是施爱；但两者其实不可分，因为施爱也是一种需要，即使爱得不到回报，我们还是会这样做，原因正是我们需要去爱。我碰到过一些很孤僻的人，没有什么亲朋，甚至不会跟人打招呼，但却会饲养宠物，对他们来说，这就是施爱的对象。

但爱的具体内容又是什么呢？那就不得不再引用爱的权威——耶稣所说的话："爱是恒久忍耐，又有恩慈；爱是不嫉妒，爱是不自夸，不张狂；不做害羞的事，不求自己的益处，不轻易发怒，不计算人的恶。"这也可以说是所有爱的最高标准，不妨称之为上帝之爱，这是一种无私的爱，儒家所讲的仁爱、墨家所讲的兼爱、佛教所讲的慈悲，都可以说是这种无私之爱的不同表达。基督教中的爱上帝就是要实践上帝之爱，给予他人无私的爱，所得的回报就是更加接近上帝。对上帝之爱是一种完全投入的爱，这一点跟爱情相似，爱情不就是要跟恋人结合成一体吗？在这个意义上，爱情可以让我们一窥上帝之爱。

可是,有人却将这种“上帝之爱”视为最理想的爱情或真正的爱情,这样做其实是要求太高,也可能带来灾难。举个例子,有时我们会说爱是无条件的,但爱情真的是无条件吗?试想为什么我们会爱上A而不是B呢?往往就是A具有吸引我们的品质,这不就是条件吗?我们可以毫无原因,单凭意志去爱一个人吗?恐怕不可以。这种爱情无私论又会主张,爱一个人就要接受他所有缺点,因为爱是包容的,但这种主张往往对人造成很大的压力,因为当我们认清对方的缺点因接受不了而提出分手时,就会被判定为不是真正的爱情,仿佛为了爱情我们必须牺牲。爱情也容不下第三者,在爱情里,嫉妒有一定的合理性,以为嫉妒就是不包容,明显是将爱情过分理想化。

爱情、亲情和友情都是爱,但只有爱情叫作恋爱,恋也正是爱情跟亲情和友情的分别,恋的意思是牵引,恋也可以理解为因仰慕对方而产生的情感,所以有所谓的“单恋”,恋爱就是两人互相仰慕,互相关怀。

爱情虽强烈,却短暂,也最需要保证它是天长地久的。我并不是说情人的誓言都是谎话,只是爱情易逝,才需要承诺。没有母亲会发誓照顾自己的子女,因为它是不言自明的,说出来是多余的;也没有朋友会出口保证有困难一定帮忙,这也是心照不宣的,不用说出来。弗洛姆认为,爱的真正意义就在于跟他人融合,与亲情和友情相比,爱情是最彻底的融合。完满的爱情就在于融合之余,又可保持人的个性。像友情一样,爱情也可以令双方的才德有所提升,在某种程度上,爱情能使人完善,令自己变得更好,配得上恋人的爱。

爱情的六种成分

比起友情和亲情，爱情要复杂得多，古希腊人将爱分为六种，都跟爱情有关。

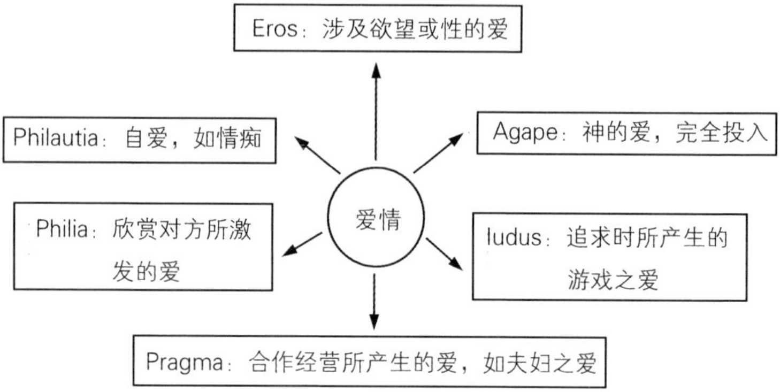

爱情虽然美好，但有时又会带来痛苦、憎恨、嫉妒，甚至毁灭；认识爱的另一面，将有助我们避免因爱所产生的不幸。当然，我们都想将憎恨和嫉妒从爱中剔除，以提升爱的质素。憎恨和嫉妒当然不好，但两者的成因不同，恨的产生通常是由于我们从爱中得不到回报。例如你的情人背叛了你，甚至做出伤害你的行为，在这种情况下，你很自然会憎恨他，因为你的爱得不到相应的回报。爱情也容不下第三者，只要见到情人跟其他异性谈得很投契或单独约会，我们的嫉妒之心也会自然而来。当然，我们要区分合理的嫉妒和不合理的嫉妒，例如只要见到丈夫跟别的女子聊天就吃醋，那就是不合理的嫉妒。爱情具有排他性，这也是爱情跟友情和亲情的分别。憎恨和嫉妒的另一个相异之处，就是从憎恨中可以得到快感，而嫉妒则纯粹令自己痛苦；所以在某种意义下，恋人分手互相憎恨是好事，因为可以减少失恋的痛苦。

爱与性

在不同种类的爱之中，只有爱情涉及性。柏拉图在《飨宴篇》(*Symposium*)中说，上古时代的人是雌雄同体，有四只手、四只脚的生物，由于激怒了天神，被天神一分为二，变成男人和女人，从此之后，人就要追求自己的另一半，重回完整，所以爱情不但是精神的合一，也是肉体的合一，肉体的合一就是性。另外，柏拉图在《菲德鲁斯篇》(*Phaedrus*)中用驾驭马车来比喻爱、性和灵魂三部分的关系，驭车者代表理性，白马代表意志，黑马代表情欲。当遇到美丽的爱人时，白马要奔向理型世界(现象世界的事物皆有其理型，理型是完美和永恒不变的)，而黑马则要向下奔驰，跟爱人结合，获取情欲的满足，所以驭车者必须控制黑马，在白马的协助下，向上奔驰。柏拉图认为，爱和不朽也有密切的关系，爱美和生殖结合，产生下一代，这种延续也可以说是追求不朽，而艺术家追求的则是精神上的生殖，作品留存于世，那是另一种不朽的追求。柏拉图认为，爱能够令我们的精神上升，爱美德胜于爱美的身体。可能是受了柏拉图思想的影响，有人主张爱情是神圣的，但性是污秽的，所以性欲越少的爱情越高贵。但我认为，柏拉图并非否定性欲，而是认为肉体之爱需要更高的知识(即理型)来提升。

基督教认为，性只限于夫妻，婚前性行为和婚外性行为都是不道德的。在传统的社会，性和生育有直接的关系，婚前性行为和婚外性行为都不利于养育下一代，因为这样会产生非婚生的子女，而孩子在家庭中成长才是最健康的。但现代社会的避孕技术已相当成熟,又有人工受孕,使得性和生育在某种程度上可以分离,让人可以享受性的快乐而不会产生计划外的下一代。

当代哲学家艾伦·戈德曼(Alan Goldman)主张性爱分家论,他认为,性行为跟爱、生育和婚姻没有必然关系。性行为只是满足性的需要,没有爱情的性交并没有问题;而爱意也不一定要通过性行为来表达。当然,强奸是错的,因为这是强迫他人做自己不愿意的事,并且会带来伤害,违反法律;婚外性行为也可能是错的,因为这涉及欺骗伴侣的问题。换言之,只要将一般人际关系的法律和道德规范应用到性关系,就可以了。戈德曼还认为,性爱分家有助于爱情和婚姻关系的稳定,因为这样我们就不会将性欲和爱情混淆,也不会为了满足性欲而结婚。

但我很怀疑戈德曼这种性爱分家论,先不论道德的问题,而是实践上是否可行。试想象一个既有爱人,同时又有很多性伴侣(没有爱)的男子会怎样,我认为这会破坏他和爱人的关系,至少会影响爱情的质素。专一是产生美感的重要因素,对爱人的专注,会产生一种忘我的幸福,我怀疑这个人能否感受这种幸福,也怀疑他跟其他女子是不是真的只有性而没有爱。我不否认现实中有人可以有那么多性伴侣,但这么做却不会缠身或招惹麻烦,似乎不大可能,历史上似乎就只有唐璜(Don Juan)一个例子。

基督教则认为,爱与性的结合,性与生殖的联系,都是上帝对人类的试炼,因为人的很多烦恼都是由此而来。据说上帝可以创造出无性繁殖的人类,就像《龙珠》这部漫画中的那美克星人,都是由大长老的身体分裂出来,成为个别生命,即单性繁殖。也许烦恼和冲突正是我们修行的食粮,上帝这样做正是要锻炼人类。

爱情三部曲

以上多是从理论或理想的角度来讨论爱情，这一节我们会比较站在实践或现实的层面出发，探讨如何处理跟爱情有关的主要问题，那就是追求、结合和分离，我称之为“爱情三部曲”——求、结、离。求是追求，也许有人觉得这是从男性的角度出发，但其实追求爱情无分男女，当然，即使在自由平等的现代社会，大部分人仍然认为男性应该采取主动，所以我讲的也主要是有关男方的追求。我是读哲学的，也是教哲学的，根据我的观察，读哲学的人（以有硕士学位的算起），有一半以上是没有结婚或恋爱的，我不知道比起其他学科，这个比例算不算高；我也发现，通常有兴趣在课后问我哲学问题的学生，全部都是男性，并且大部分没有女朋友。也许喜欢哲学的人太过强调理性，纵使有心仪的对象，但若没有充分把握对方也喜欢自己，还是不敢行动。爱情是需要冒险的，害怕失败而不做尝试，固然不会失败，但也没法成功，理性反而是妨碍，因为它会编造不追求的借口。

至于如何追求，李天命先生主张的“阴勇”甚有参考价值，意思是追求女性必须结合“阴”和“勇”。勇当然是指勇气，记得在我读中学的年代，打电话给异性必须鼓起勇气，虽然现在时代不同了，但勇气还是需要的。阴是指暗地里进行，因为太过明目张胆会引人注意，失败得太多也可能会有损声誉，不利以后的追求。而且，你不知道身边有多少个情敌，正所谓“情场如战场”，敌暗我明也是对己十分不利的，给你献计的人可能正是你的情敌，还是小心为上。换言之,追求爱情就要主动出击。

女性为保矜持,不宜主动追求,但可以用暗示的方式,例如经常出现在心仪对象的附近,甚至主动问好。但有时很奇怪,越是追求爱情,反而越追不到,因为我们相信真正的爱情就是找寻自己的另一半,在茫茫人海之中找到那唯一的另一半,这个人是独一无二的,正如之前所讲的希腊神话。其实这种想法本身限制了我们的选择,加上大部分人会先拟定好所谓理想的对象,比如说身高如何、收入如何、职业如何,等等,不符合既定条件的人就置之不理。其实我们应该找的不是条件最好的人,而是最适合的人,而适合与否往往要经过交往才能判断。不过,我个人并不否定有所谓的姻缘前生注定,在我看来,也许在形上界我们就选好了伴侣,但可能还有后补的恋人名单,换言之,跟你有缘的人不止一个。

应如何吸引对方呢?那当然是先令你自己变得可爱,才可以吸引对方。大部分人的注意力都放在仪容方面,所以那些平时不好打扮,却突然讲究起来的人,很有可能就在求爱或热恋之中。但其实除了仪容之外,谈吐、学识、性格等跟吸引力也有很大关系。

结就是结合,即是共同生活,通常我们会以结婚为标志,我认为,恋爱的目的正是找一个能共度一生的人。康德认为,夫妻的关系是平等拥有的关系,婚姻必须由法律来规范,婚姻是一种契约,他说:“两个不同性别的人,为了终身互相占有对方的性器官而签下的契约。”但黑格尔(G.W.F. Hegel)反对康德对婚姻的看法,黑格尔认为,婚姻不是由签订契约来界定,而是基于男女双方互爱互信的道德结合,这正是人性所在。祁克果说得更大:“婚姻是个人的终极目的。”祁克果赞颂婚姻,他认为这带来了“生活的力量、信赖的至福及永恒的信念”。祁克果有着基督教信仰的背景,认为婚姻有天国作为福证,婚姻是解救爱情的唯一方法,上帝会让婚姻将爱情提升到另一个层次,但讽刺的是,祁克果本人却是一个逃婚者。对祁克果来说,婚姻有可能令我们找到安宁,活得更实在,这不就是幸福吗?但是13世纪的教皇英诺森三世(Innocent Ⅲ)早就警告了我们:“伴随婚姻而来的负担是沉重不堪的。”无论我们将婚姻描述得如何神圣和合乎道德,总会有失败的婚姻。

爱之转变

由恋爱到结婚,爱情的成分会有所改变,正如尼采所说:“婚姻不幸福,不是因为缺乏爱,而是因为缺乏友谊。”

恋爱				结婚		
游戏之爱	▷	激情之爱	▷	经营之爱	▷	朋友之爱

比起恋爱,婚姻更加是一种冒险,因为两个人共同生活是另一回事,经营家庭就好像做生意一样,也有可能亏本。结婚既是一种承诺,也是一种保障,令人安定下来;但若双方相处不来,也可能是困兽之斗,互相折磨,彼此仇恨。有人说婚姻是恋爱的坟墓,对于某些人来讲是真的,因为他们没有准备进入结合这个阶段,那是相依为命、共同经营的阶段,你的情人已经变成你的合作伙伴,经营的利润就是家庭幸福;若经营不善,可能就要倒闭,那就是离婚收场。

离是分离,婚姻失败,离婚无疑是一种解脱的方法;然而,很多人到离婚时就已处于完全破裂的关系,互相指责,甚至反目,以往共同拥有的东西都要来一次大清算,这样似乎有点丑陋。回想当初结婚时,那不是你的至爱吗?即使婚姻到了无可挽救的地步,也应有些风度,尽量用平静之心面对。

但离也可以是生离死别的离,当然,对于那些婚姻经营不善但又不想离婚的人来说,伴侣离世也可以说是一种解脱。这种情况以老一辈的人居多,因为离婚对他们来说是丢脸的,但以自己的幸福来换取面子,恐怕有点愚蠢。对于婚姻经营良好的人来说,面对至爱的离世,又该如何处理呢?不妨这样想,如果是你先离世的话,你的至爱就要面对你现在痛苦;现在幸好是你在世,那么,伴侣就不需要承受你的离世之苦。

六种爱情

加拿大心理学家约翰·艾伦·李(John Alan Lee)将爱情分为六种,其中五种跟希腊讲的爱有所对应,并配以六种不同颜色,处于邻近色的爱情较接近,而处于对比色的爱情则是对立的,例如爱情至上的情欲之爱,是接受不了以爱情为工具的现实主义的;而以互相了解为主的友爱,也跟占有欲和嫉妒心强的狂热之爱不合。

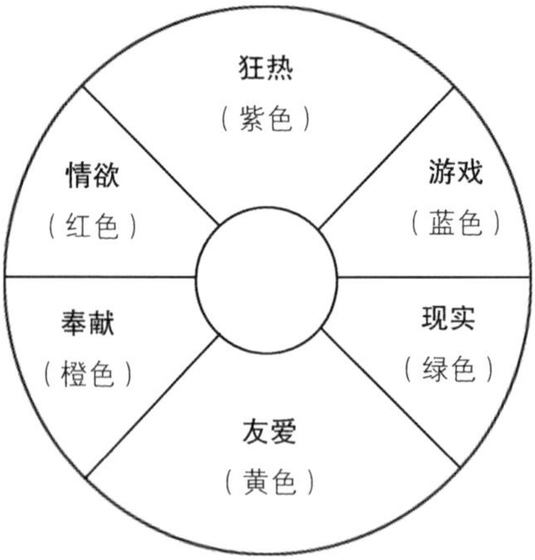

关键词再思考	激情　迷恋　发现　相连　性爱分家论　阴勇
相关篇章	《家庭》《友谊》《幸福》《嫉妒》

这件作品的名字是《连坐》,是我为结婚所创作的。“连坐”原是中国古代的刑罚,一人犯罪,家人和邻居都要受罚,目的是要大家互相监视,并一同承担责任。这里借此来表达我对婚姻的看法,婚姻有可能是困兽斗,互相折磨;但也有可能将两人的关系提升到另一个层次,那就是更亲密的关系,相依为命。

《连坐》(2010)

作者:梁光耀
原作物料:木
尺寸:高 91cm
现存:作者收藏

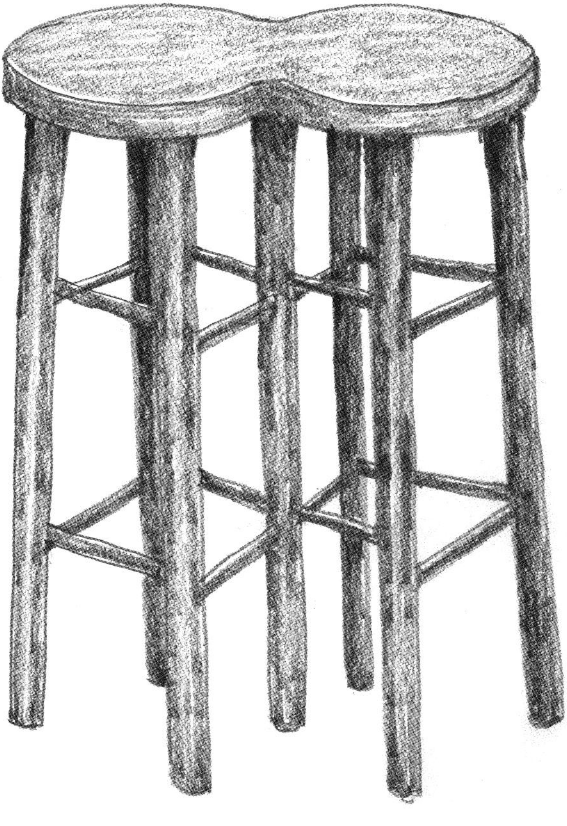

幸福

没有人追求不幸，
所有人都追求幸福。

记得读小学四年级时，我有一次走在路上，无意中发现了地上有个一元硬币，当时我信奉的人生格言正是“地上捡到宝，问天问地拿不到”，于是就用这一元钱买了一串鱼蛋和一杯豆浆，还有钱剩呢！小时候家境不好，根本没有零用钱，也很少有机会吃零食，当时那美味鱼蛋和豆浆带来的满足，真的令我有幸福的感觉。

当然，如果每天都吃着美味的零食，那种幸福感就不会持续存在，正是难得有这样的机会，带点运气，才会产生这样的满足感。当然这只是一瞬间的幸福感，不可以称为真正的幸福。那什么才是幸福呢？照字面解，“幸”是幸运，所以幸福带有运气的成分，就好像我当年偶然在地上拾到一元钱。很多人会认为，出生背景良好，拥有美满的家庭及收入不错的工作，就是幸福，但这多少有运气的成分，不能全凭个人的努力可成。如果当事人突然遭遇意外，死于非命，我们还会说他这一生幸福吗？又或者，如果当事人真正想做的是一个画家，他未必会觉得幸福，幸运是否存在客观的标准，还是须由当事人来确认，但能够做自己喜欢的事就一定幸福吗？凡·高和高更都是在30岁之后才立志成为画家，但两人都活在贫困之中，最后还以自杀收场。虽然今天他们被尊奉为伟大的艺术家，画作也卖上千万元，但可以说他们的人生幸福吗？人生的幸福似乎是以整体而论，也很难说满足某些特定的条件就一定幸福，比如说有些人拥有3000万元钱，但有钱而不快乐的人多的是。

我们都毫不例外地追求幸福，即使事实上有人走向不幸，但我们也不会说他是想追求不幸。然而，“幸福”是一个本质上有争议性的概念，甚至比“自由”“公正”和“艺术”等概念更具争议性，所以关于“幸福是什么？”这个问题，也有着各式各样的答案，幸福是某种持续的客观状态吗？还是纯粹个人的心境呢？幸福真的可以追求吗？德国诗人布莱希特(Bertolt Brecht)说：“人人都追求幸福，幸福却藏于我们身后。”这是否表示刻意追求是得不到幸福的，幸福反而会在不经意间自然出现呢？

现代有三部专门讨论幸福的哲学著作，称为“三大幸福论”，从不同的角度探讨幸福，分别是罗素（Bertrand Russell）的《征服幸福》（*The Conquest of Happiness*）、阿兰（Alain）的《论幸福》（*Propossur le Bonheur*）及希尔提（Carl Hilty）的《幸福》（*Happiness*）。不过，我还是比较喜欢古代的思想，以下就让我们先从亚里士多德的幸福论说起。

三大幸福论

作者	著作	重点
罗素 （英国哲学家）	《征服幸福》	主张专注于自己的兴趣，剖析不快乐的原因
阿兰 （法国哲学家）	《论幸福》	主张积极思考，凡事乐观
希尔提 （瑞士哲学家）	《幸福》	主张心灵平静，以基督教信仰为根基

亚里士多德的幸福论

亚里士多德认为，事物的目的就在于实现它的功能，例如医疗的目的是健康，法律的目的则是正义，那人生的目的又是什么呢？什么才是人的功能呢？亚里士多德指出，人的最高级功能就是理性，而理性也是人的本质；所以人生目的就是充分发展理性的能力，实现人的本质。

充分实现理性就是过着理智的生活，成就德性。亚里士多德认为有两种主要德性,一种是知的德性,另一种是品格的德性。前者是理性的直接实现,例如智慧;后者是人的非理性部分如情感、欲望和意志等服从理性的指引,我们的理性会提出适中为标准,即无过和不及。以用钱为例,挥霍是过度,吝啬则为不及,慷慨才合乎中道;又例如,鲁莽为过,懦弱为不及,勇敢才是适中;骄傲为过,自卑为不及,谦虚才是适中;贪心为过,懒惰为不及,进取才是适中……根据这个标准,就可以列出一系列的德性,如勇敢、谦虚、节制、进取、诚实,等等。但问题是,拥有德性就是幸福吗?

孔子的得意弟子颜回虽然生活艰苦,但依然快乐,这种乐正是德性带来的精神快乐。正如孔子所说:“一箪食,一瓢饮,在陋巷。人不堪其忧,回也不改其乐。贤哉回也!”由此可见,德性蕴含着快乐。即使具备德性,但若是贫病交加,像颜回一样,也可称为幸福吗?我怀疑颜回之所以早死,就是由于长期营养不良。亚里士多德认为,德性只是幸福的基础,是内在的善,还要配合外在的善,如财富、地位、荣誉、健康、家庭和友谊等才算是幸福的人生。幸福有赖外在的条件,而这些条件要在社群中才能实现,所以幸福的人生离不开社会和政治。内在的善属于心灵,这是我们可以自主的东西,通过适当的训练,就能培养出良好的品格。亚里士多德还说,能作理论观照的人才享有最高的幸福。所谓“理论的观照”,简单来说,就是读哲学;换句话说,最幸福的人就是哲学家。因为理性是人类最高级的机能,理论的观照则是理性的最高活动,比起其他活动如运动和游戏所得的快乐更为自足和持久。

幸福的要素

心灵	智慧、勇敢、正义和节制等德性	▷	内在的善
身体	健康、样貌和运动技能等	▷	外在的善
身外物	财富、地位、荣誉、家庭和友谊等		

在亚里士多德之后，有两个哲学流派开始盛行起来，一个是伊壁鸠鲁学派（Epicureanism），另一个是斯多亚学派（Stoicism）。对“幸福是什么？”这个问题的解答，这两个学派的影响力似乎比亚里士多德还要大，也许当时的政局（雅典衰亡，甚至沦为亚历山大帝国的一小部分）令大家对政治没有什么期望，亚里士多德的理想公民思想自然也不受欢迎；哲学家开始反求于己，探讨如何在乱世之中安身立命，伊壁鸠鲁学派和斯多亚学派就在这种背景下发展出来，一直延续到罗马时代。

幸福＝快乐？

伊壁鸠鲁学派的创始人是伊壁鸠鲁，他主张人生的目的是追求快乐，避开痛苦。事实上，我们的每一个行为，最终都是为了快乐，例如为什么要读大学？因为有了学位就可以找一份好工作；为什么要找一份好工作？因为可以多赚些钱；为什么要钱呢？因为有了钱就可以过舒适的生活，带来快乐。但快乐并非一个达到其他目的的手段，它本身就是目的。由于主张人生的目的是追求快乐，所以伊壁鸠鲁的思想被称为享乐主义，那伊壁鸠鲁是不是一个纵欲主义者呢？

虽然人想追求快乐，避开痛苦；但由于缺乏理性的指导，反而往往招致更大的痛苦。例如好吃的东西会带来快乐，但吃得太多，肚子受不了，就变成了痛苦。伊壁鸠鲁认为欲望有很多种，有些是自然并且必需的，例如食欲；有些是自然但不是必需的，例如性欲；有些则是非自然的又不是必需的，是我们从社会中学习得来的，例如拥有权力和地位的欲望。可是，如果欲望得不到满足，反而会带来更大的痛苦；所以，伊壁鸠鲁认为我们应该控制欲望，保持在自然和必须这个水平，追求心灵的平静，那才是真正持久的快乐。

可是，人生在世，总有些痛苦是我们避不开的，例如疾病所带来的痛苦，伊壁鸠鲁也承认这个事实；不过，他认为亦有很多我们常见的痛苦是可以消除的，例如对于死亡和神灵的恐惧。伊壁鸠鲁是唯物论者，他引用原子论去消解大家对于死亡和神灵的恐惧，万物都是由不可分割的原子构成，除原子外，只有虚空，既然人的身体是由一堆原子组合而成，人死只不过是原子的解散，人死之后就不再存在，既无天堂，也无地狱，又何来恐惧呢？所谓的神灵不过是由原子组合而成，只是组合得比人更巩固，不易解散而已，也同样不足为惧。

虽然伊壁鸠鲁主张以追求快乐为人生目的，但他所指的快乐其实是心灵的平静，是一种不受骚扰的状态，免于心灵的恐惧和肉体的痛苦；换言之，伊壁鸠鲁认为人生应该追求一种高度的精神生活，而个人的德性（例如节制、思虑、正义等）和友谊都有助于维持这种精神生活。伊壁鸠鲁还教导学生如何提高专注力，感受当下，体会日常事务带来的快乐，例如欣赏美丽的风景。伊壁鸠鲁的这种主张可称为个人快乐主义，而18世纪由边沁（Jeremy Bentham）所倡导的功利主义也可以说是建基于快乐主义的，但功利主义要追求的是最大多数人的最大快乐，可称为利他的快乐主义。当时，边沁就创办了伦敦学院，这是第一所接受女性、犹太人、异见人士为学生的大学，实质上改善了社会的不平等，为更多人带来了快乐。

伊壁鸠鲁相信，我们可以通过理性的计算，有效地节制欲望，但恐怕叔本华并不同意。叔本华认为，我们之所以不断满足一个又一个的欲望，就是因为背后受到盲目意志的驱使。当一个欲望满足了，而另一个欲望未出现时，我们会感到无聊，所以他认为我们的人生就像钟摆一样，永远在欲望和无聊两边摇摆，只有在艺术欣赏时，审美经验才可令我们暂时摆脱盲目意志的支配，免受欲望的折磨。

近年兴起了一门幸福经济学，主张不应再以国内生产总值（GDP）为追求的目标，而代以国民幸福总值（GDH）。在某种意义上，幸福经济学可说是伊壁鸠鲁思想的现代版本，不过是多了统计数字的支持。根据有关的数据，经济增长到一定的水平后，再多的经济增长并不能增加我们的快乐。更多的财富只能令我们消费更多，但消费带来的只是短暂快乐，拥有得越多有时反而越会增加我们的烦恼。生活在现代的消费社会，一方面，科技将我们的欲望解放出来，另一方面，生产商又利用广告创造需求，鼓吹消费，驱使我们购买根本不需要的东西。伊壁鸠鲁的忠告在于，欲望的满足并不能带来真正的快乐，心灵的平静才是幸福。

德性就是幸福

跟伊壁鸠鲁学派一样，斯多亚学派也是罗马时代的重要哲学派别，当时的出色哲学家就有爱比克泰德（Epictetus）、西塞罗（Cicero）和塞涅卡（Lucius Annaeus Seneca）。斯多亚学派的开创者是古希腊时代的芝诺（Zeno of Elea），他认为，宇宙有一永恒之火推动着万物的运行，构成一个理性的秩序，人是没有能力改变现状的，唯一可做的就是改变自己对世界的态度，接受一切都是命定的安排；所以，斯多亚学派认为人生在世应该顺其自然，只有这样，我们才不会被外物所牵引，因外物而忧虑。要改变我们的内心，首先就要改变我们的信念，正如爱比克泰德所说："扰乱人心的不是事物本身，而是我们对事物的判断。"还有就是培养德性，拥有智慧、审慎、正义、勇敢等德性，这样我们就不会受情绪和欲望的支配，心灵得以平静，这就是幸福。虽然说人的内心可以自主，但德性不是说有就有，德性的培养，就好像运动员操练他的体能，必须通过努力和训练才有所成，可称之为精神的操练。现代心理治疗就使用了不少斯多亚学派的精神操练法。

虽然伊壁鸠鲁学派和斯多亚学派有着不同的宇宙论和价值观，但有趣的是，两者所追求的人生目的似乎差不多，就是心灵的平静，不同的是，伊壁鸠鲁学派强调用理性对快乐进行计算，节制欲望；而斯多亚学派则重视德性的锻炼，有效地控制情绪。而为了保持心灵平静，似乎不应向外追求。的确，我们之所以常常感到痛苦，不就是期望得不到实现吗？降低期望，虽然不会遭遇挫折和失败，然而也无法享受成功带来的幸福感,事实上,挫折和失败也正是提升我们能力,令我们得以成长的东西。

不过,降低期望的批评对斯多亚学派并不十分公平,虽然艾比克泰德主张禁欲主义,但其他斯多亚派别并非如此。斯多亚学派的基本精神是幸福不应依赖外物,训练内心不受外界影响,但并不表示我们不应追求个人的成就(这点跟一切都是命定的思想似有矛盾)。而事实上,斯多亚学派当中就有不少取得杰出成就、有权力和地位的哲学家,例如塞涅卡,既是皇帝的老师,也是元老会的议员,更是剧作家和富有的商人;又例如贵为皇帝的奥勒留(Marcus Aurelius),不但创造了罗马的繁华时代,更亲自统率大军上阵打仗。

自主的人生

斯多亚学派主张德性就是幸福,凸显了人的自主性,尼采和存在主义则将人的自主性推向另一个高峰。

尼采虽然深受叔本华的悲观主义影响,但将其艺术救赎观应用到人生,变成了肯定人生的思想。尼采将人生当作艺术品,使它具有创造性和欣赏价值,那就是活出个人的风格,个人风格不在于标新立异,而在于培养出自己的独特个性。这样我们就会肯定生命,甚至热爱命运,即使命运悲惨,我们仍然可以感到幸福,尼采提出了"永劫回归"的观念,那就是我们虽然不断重复自己的人生,但依然会肯定这样的人生。然而,永劫回归的思想实验真的可帮我们变得幸福吗?我倒是有些怀疑,但可强化我们的心灵,令它更有力量。存在主义者加缪(Albert Camus)对西西弗神话的解释,跟尼采的“永劫回归”有些相似,由于西西弗得罪了天神,被惩罚每天都要重复将石头推上山,这看似荒谬和没有意义;但加缪认为,我们必须想象西西弗是幸福的,那就是从没有意义的生活创造意义,掌握自己的命运。

每个人的性格和能力都有差异,尼采认为,强迫每个人都接受同一套道德观,就会压制人性,也扼杀人的创造性。正如他所说:“你要变成你所是的那种人。”“一个人必须发明对其生命及自我成长的德性及定言令式,否则的话就会对其生命提升有害。”尼采主张一种能够提升生命价值的道德,所谓生命价值是以精神力量的大小来厘定,最理想的人是充满生命力和创造力,不断超越自己的弱点和限制,他称之为“超人”,而接近这种理想完形的有歌德(Johann Wolfgang von Goethe)和贝多芬(Ludwig van Beethoven),他们都是在文化和艺术上有巨大创造力的人。尼采的“超人说”其实是一种文化精英主义,只有少数人才能成为精英,不同于后来的存在主义所讲的“存在先于本质”,尼采并不认同人可以不理会先天和后天的因素做出任意的选择,创造自己的人生。

虽然每个人都有着不同的先天限制和潜能,并且每个人的自我成长目标都不一样,但勇敢、真诚、孤独和独立这四种尼采推崇的德性,都有助于人超越自己,实现理想。勇敢使人敢于冒险,创造新的价值;真诚的人不会自欺,能够面对自己的弱点;孤独和独立能使人在群体的压力下,仍保持自己的个性和见解。当然,这四种德性也是互相关联的，例如真诚需要勇敢，否则人就难以面对残酷的真相。从尼采的角度看，精神力量得到提升就是幸福。

本质与自我实现

传统哲学	人有普遍的本质，人生意义就是实现人的本质
尼采	每个人都有其独特的本质，自我成长就是将它实现出来
存在主义	人不存在先天的本质（普遍或独特），人有自由成为他所想的那样，人创造自己的本质

幸福的原理

对尼采来说，即使生活充满痛苦，都可以是幸福的，我怀疑这正是尼采个人的写照，因为他长期受到病痛的困扰，精神也有点失常。但对一般人来说，这种幸福似乎难以接受。

中国文化有所谓“五福临门”，五福就是“寿、富、康宁、攸好德、考终命”，即长寿、财富、健康、爱好品德、善终，这也是传统中国人的幸福观。不过，在现代社会，相信很少人会认为德性是幸福的必要条件，一般人比较重视人际关系、外在条件和享受方面。当然，具体的项目会因人而异，但一般来说，构成幸福的条件就有家庭、友谊、健康、安全、财富、成就、闲暇这七项。友谊和家庭属于人际关系，健康、安全、财富、成就可归入外在条件，而最后的闲暇则是享受方面。

闲暇跟休息不同，闲暇是指我们拥有完全属于自己的时间，做一些我们真正喜欢做的事，在人类的历史上，哲学和艺术通常都是来自闲暇。这些项目可以存在相助或相碍的情况，例如友谊和家庭可以助你事业有成，实现个人成就；但有时我们为了追求财富，争取个人成就，却不惜牺牲家庭和健康。一般来说，健康、安全和财富这三项是有利于我们建立良好人际关系和个人成就的基本条件。

问题是，如何才能实现这些项目呢？我认为可以归纳为四个基本原理，那就是爱、知、反省和发展。谁都希望得到别人的关怀、肯定和赞赏，但要实现良好的人际关系，就要懂得施爱，而不是奢求过分被爱，以别人的幸福为自己的幸福，这种人最幸福；相反，以别人的幸福为自己不幸的话，就注定不会幸福。因此，嫉妒之人就不会幸福；从这个角度看，爱的反面就是嫉妒，爱使人幸福，嫉妒导致不幸。

知就是知识，要获取知识就要学习，但知识并不限于课本的知识，学习亦不局限于学校的学习。事实上，那些越追求成绩好的学生，也越容易产生自卑感，因为他将成功局限于狭小的领域，所以当他付出了很大的努力仍不如人的时候，就会产生自卑感。那些会读书的人往往不懂得赚钱，反而那些不喜欢读书，到处参与活动或工作的人，累积了丰富的经验，比较懂得赚钱或在社会上取得成功。知道事物的前因后果，当然有助于成功；但知亦包括善恶之知，恶会带来不幸，知恶就会懂得行善，为他人带来幸福。

反省就是反省自己的过错，例如曾子说："吾日三省吾身。"但每日都反省三次，似乎有点过多。又例如佛教有一种"内观"的修行方法，就是检视过往所犯的错误；基督教所讲的"忏悔"也有类似的含意。的确，我们生活在这个世界，无知、贪婪、愤怒、嫉妒和意志薄弱都有可能令我们犯错。但反省还有更积极的意义，就是通过反省自己的错误和失败，创造出美好的将来，这就是幸福。

发展就是发展潜能，实现愿望。愿望实现当然会感到幸福，但体验到自身的进步和能力的提升，也一样会带来心灵的喜悦。而爱、知和反省三种原理都有助于发展。通过反省，就可将错误的心念调整到正确的方向，而正确的方向则有赖爱和知来确认，比如说，如果自我实现对他人造成伤害的话，那当然不好；相反，如果自我实现能同时造福他人的话，那就是好的。

幸福的原理

爱	对人施爱，建立良好的人际关系	▷	幸福
知	知道事物的因果关系及知善恶		
反省	反省过错，创造美好的将来		
发展	发展潜能，达成人生目标		

最后，如果你现在问我什么是幸福的话，我会认为是情感的满足，只要看到我的小女儿愉快地走来走去，我就会感到十分幸福。正所谓“身在福中不知福”，幸福是要用心去感受才有的。

关键词再思考	快乐　德性　心灵平静　自我实现　施爱　发展
相关篇章	《家庭》《友谊》《爱情》《勇气》

这幅《奥尔加斯伯爵的葬礼》(*The Burial of Count Orgaz*)是希腊画家格列柯(El Greco)的名作,他定居于西班牙的古城托莱多。画中描绘的主角是古城的奥尔加斯伯爵,由于伯爵生前行善积德,因此圣人奥古斯丁在其葬礼中显灵,接引他到天国。此画分为两部分,采用了不同的风格,上半部是天国,较为表现性,下半部是世间,用的是写实风格。对基督教来说,人世间是没有幸福可言的,只有死后到天国才可享有永生,德福合一必须由宗教来保证。

《奥尔加斯伯爵的葬礼》(1586—1588)

作者:格列柯
原作物料:油彩
尺寸:430cm×360cm
现存:托莱多圣托美教堂

学校

现代的学校既像监狱，
也像竞技场。

小学二年级时，爸爸要我转读一所英语学校，那所学校有直属中学；当然，爸爸这样做是为了我将来的前途。但这所学校距离我家很远，乘车要一个半小时以上，下车之后还要走20分钟。当时刚好雨季，几乎每天都下雨，我只上了四天课就病倒了，最后因为不适应也没有继续读下去，只好回到原来的小学。其实当时我十分高兴，因为又可以见到熟悉的同学和老师。

的确，家长都想为子女找到好学校。近年的名校争夺战也越演越烈，有家长更不惜重金，购入名校区的高价楼房，这样就可以参加该区校网的派位；但他们似乎没有想过，名校是否真的适合他们的子女。比如说，在原来的学校你的子女是名列前茅的，但进入那些名校之后，就有可能变成全班成绩最差的学生，说不定会有很大的挫折感。也许有数据显示，入读名校会大大增加将来在社会成功的机会；但有时我想，这种不惜一切、近乎疯狂的做法只不过是盲目追求所谓“好中最好”，是过度竞争的不良产物。当然，这种现象不是香港独有，不过，香港似乎特别严重；我认为，这跟香港社会以金钱挂帅、缺乏安全感有关。如果有较完善的退休保障制度，就可缓和目前激烈的竞争，小孩子也会过得愉快一些。

几年前有一档电视节目叫作《翻山涉水上学路》，拍摄世界各地生活在严苛环境里的儿童如何上学，譬如有些要横穿酷热沙漠，有些要攀越高山峻岭，有些要划船渡河，有些则冒着严寒走过冰天雪地去上学，这样每天都要花好几个小时上下课，路途中也有一定程度的危险性。有趣的是，同期有另一个关于学习的节目，名称忘记了，是讲述伦敦的精英学生如何通过比赛，选出最优秀的学生。这真是一个强烈的对比，居于落后地方的人希望通过教育来改善生活；另一边，身处于繁荣之都的学生，则要通过竞争成为精英中的精英。前者令人感动，后者却有点像无谓的竞争。我认为，学校不是制造天才，而是发掘学生潜能和帮助学生成长的地方。

学校的功能

在中国,最早有学校记录的是周朝,而古希腊的学院也是早期的学校;但若以普及教育来算的话,则是1841年丹麦首创的小学强迫教育。自从工业革命之后,社会的职业结构产生了很大的改变,传统社会大部分人都从事农耕,不识字也无所谓,但工业革命令经济多元化,职业种类多了,分工也很细,于是现代学校便应运而生,负责传授知识和技术。

比起家庭,在待人接物方面,学校更接近社会,家人的对待不会因成员的能力高低而有差别,那是注重亲情的方面;但学校不同,老师主要关心的是学生成绩及课堂纪律,必须一视同仁,注重表现。难怪社会学家涂尔干(Emile Durkheim)说,学校是家庭和社会的中途站,不错,学校就是帮助我们将来进入社会的特定组织。

从社会学的角度看,学校作为一个社会组织,主要的功能就是对学生进行社会化,让他们成为社会上有用的人。所以学校除了传递知识和技术,也包括社会认可的价值观;但要教授什么知识、技术和价值观,就要视乎那个社会而定,在民主自由的现代社会,当然就是教授民主自由的价值观,培养学生为称职的公民。

人类的知识越来越多,在学校的短短十多年根本所学有限;所以我认为,最重要的不是学到多少,而是培养学习的能力及学习的兴趣,而最基本的学习能力就是语文和思考,有了学习的兴趣,将来就会不断学习。要培养学生学习的兴趣,其中一个方法就是成为学生喜欢的老师,这是我的亲身体验。中学一至三年级我的数学成绩很好，有时甚至拿到100分，就是因为喜欢当时的数学老师；中学四年级时换了数学老师，由于不大喜欢那位老师，结果我的数学成绩一落千丈。学习兴趣是重要的，因为它提供了较好的学习动机。近十多年，我发现越来越多的小孩子学音乐，甚至连幼儿园也有乐队到外地演奏。我现在居住大厦的同层家庭，每一个儿童都在玩乐器，我对面屋的女孩就经常弹钢琴。既然这么多人学音乐，为什么香港却产生不出国际级的音乐人才呢（反而出了两个世界冠军级的单车手）？其实，很多小孩子并不是真正对音乐有兴趣，只是父母要他们学音乐，单纯因为学音乐有利于升读名校。

近年出生率下降，有些学校出现招生不足的情况，不但要缩班，也有可能被"杀校"，现在连学校都有可能倒闭。名校当然不用担心招生不足的问题，但那些弱势学校为了争取学生入读，就要互相竞争。除了学校之间的竞争，近年也有越来越多的学生上补习班，某种意义上，学校也要跟这些补习班竞争，特别是老师，若知道自己的学生上补习班的话，那滋味肯定不好受，因为似乎暗示了补习班教师教得比自己好。虽然我不是在中小学教书，自己求学时也没有上过补习班，但也有买过当时补习名师出版的习作，我还记得一位教化学的叫作CY Tong，另一位KY To是教生物的。那时的补习名师都是兼职的，他们的正职多数是名校教师。但现在的补习名师则是全职的，也可以说更加专业，不但有名师笔记，还教授考试技巧，及"贴试题"。名师之间也存在激烈的竞争，那是真正的商业竞争，如果留不住学生，名师也要失业。其实我也有兴趣上这些名师的课，吸收一下他们的授课技巧，相信的确有一定的教学成果，否则也不会有那么多人报读；又或者尝试当补习班教师，看看自己有多少市场价值,可惜我懂得教的两个科目哲学和艺术,前者没有公开考试,后者则不受重视。

学校组织

作为一种社会组织,学校必须有功能上的分工及规则章程的依据,这是科层化;但随着对中小学教师专业化的重视,科层化和专业的冲突会越来越多。

学校组织
- 校长:领导学校实现教学理念
- 老师:教导学生
- 学生:接受社会化

教学理念

以上讨论了学校的功能,这是从现实层面去讲;若是谈理想的话,那就涉及教学理念,每所学校的教学理念都不尽相同,这是最能显示出学校特色的。例如宗教学校就跟非宗教学校有很大的分别,有些学校强调全人教育,有些则注重体艺的训练。我认识一位小学校长在学校推广哲学,可见其远见,但有人担心哲学对于小学生来说会太深奥。其实哲学可以深有深讲,浅有浅讲,重要的是哲学可以训练学生思考,开拓其视野。也不妨这样看,哲学是一种精神需要,儿童也有精神需要。但要在小学推广哲学的确不容易,因为首先要得到老师和家长的认同,也需要老师的协助,有些家长担心加入了哲学的课时后,会影响“正常”的学习,老师也可能会质疑教学的成果。

要谈教学理念,最好先认识一下中西两大哲人苏格拉底和孔子的思想,苏格拉底主张通过思辨讨论,找到真理;孔子则注意培养德才兼备的君子,从政而造福人民。当然,这不表示苏格拉底不重视道德,但他认为人之所以犯错是由于无知,所以拥有真知才是首要的。由此可见,知识和道德正是教学重点,这也是传统哲学的教学理念,用儒家的说法,就是“尊德性”和“道学问”,至于两者的关系如何,哲学上有不同的解释。可是,到了现代哲学,知识和道德的客观性都遭到质疑。例如实用主义就认为没有永恒的真理,知识只是暂时性的,能解决问题的就是真理。由于社会不断转变,最重要的就是学习解决问题的思考方法,实用主义者杜威(John Dewey)还创立了实验学校,实践他的教学理念。又例如,存在主义者萨特(Jean-Paul Sartre)认为人并没有本质,最重要的是人通过抉择,创造自己的本质,价值只不过是主观的选择,理性只负责认知客观状况及对选择的后果承担责任。虽然存在主义没有谈过教学的理念,但若将此思想应用到教学方面,就会强调发掘学生的独特性,发展潜能,及培养他自主的能力,此之谓自我实现。

某种程度上,我也同意杜威所讲的思考方法及存在主义的自我实现,但并不同意他们对知识和道德客观性的否定。我认为知识和道德都有着形上和超越的根源(孔子和苏格拉底都有着超越性的关怀),从这个角度看,实用主义和存在主义则将人的存在价值拉到不安和实效的现实层次上。

总的来说,我读小学的时候还是很愉快的,但中学就不同了,有一种像在监狱的感觉，不知读书为了什么，十分迷茫。其实很多我在中学学的东西都没有用，而且大部分都不记得了。我是读理科的，虽然在高考时化学科取得A级成绩，但现在只记得H_2O和NaCl之类的东西，在日常生活中也没有什么用。那么中学时候花那么多时间学习，又要经历无数次测验和考试，是否浪费时间、浪费青春呢？其实更重要的是学习思考方法，虽然说学习语文、数学和科学都有助训练思考，但却不可代替更基本的思考方法。举个例子，在思考方面，学习逻辑就比很多数学有用得多。我认为有两样最基本的东西是学校必须教导学生的，那就是思考和做人，而且两者关系密切。做人涉及道德教育，那正是下一节的主题。

道德教育

虽然有所谓"教不严，师之惰"的说法，但现在大家似乎都将教育的责任完全托付于学校，特别是德育，如果学生出了问题，都倾向于怪罪学校。而且有一种流行的观点认为，现在学生的品行越来越差，所以主张加强道德教育。然而，凭什么说学生的品行越来越差呢？通常回复都只是使用一两个指标，例如说很多学生"讲粗口"，但其实也有很多学生当义工；而且其中有些标准是有争议的，例如说学生反叛，不像以前听话，学生听话当然有利于学校管理，但如果学生只是盲目服从的话，难道就可以叫作好的道德教育吗？

无论中外,传统教育都重视德育;现代社会也有所谓五育:德、智、体、美、劳,以德育为首。我还记得一位小学老师说过:“就算读书不成,也不要做一个坏人。”从这个角度看,道德比知识更加基本和重要。可是,一直以来,道德教育主要是灌输性的,又多以惩罚为主,只要求学生听话,忽略了道德的情感教育,又缺乏了说理的部分。我们从小就被灌输了一大堆道德规则,诸如“不应伤害人”“遵守承诺”“不要说谎”“尊敬师长”“孝顺父母”,等等;却鲜有交代理由,没有说明为什么要遵守这些道德规则,这是说教,不是说理。况且,很多时候我们会碰到道德规则冲突的情况,如何取舍,那就需要权衡轻重,做独立思考。事实上,很多道德议题都有争论,例如堕胎、安乐死、同性恋、克隆人、婚前性行为等,重要的是培养学生道德思考的能力,正如存在主义所讲,让人们自己决定,并承担选择带来的后果。同情心和正义感是道德行为的最大推动力,要培养同情心和正义感,就要依靠道德的情感教育,最好就是通过艺术和文学的感染力,让学生产生共鸣。

我认为,道德行为有两个重要成分,一当然是行为本身,或行为所产生的后果;二是行为背后的动机。一般人倾向重视前者,往往忽视后者的重要性。例如学生上课安静,如果他们的动机只是不想被惩罚的话,恐怕我们不会认为有很高的道德价值;但如果学生的动机是不想破坏上课的秩序,影响老师教学的话,则有较高的道德价值。

学校普遍十分注重学生的品德,我还记得读小学时,每星期的周会都会讲述伟人的故事,以此为榜样,例如华盛顿承认砍了樱桃树,这是诚实的榜样。但我发现学校所讲的品德实在过于狭隘,比较着重于维持秩序和增进学业成绩的内容,如“善良”“安静”“孝顺”

“礼貌”“勤劳”等,较少注重发展个性和创造力方面,如“智慧”“勇气”“正义”“冒险”“真诚”等。现在教出来的精英学生,大部分都只是考试成绩好,但缺点就是害怕犯错,因为要考试成绩好,就不容许犯错,这些学生也往往缺少勇气和创造力。

苏格拉底认为,没有人自愿犯错,犯错只是出于无知,欠缺善的知识。事实上,有些人真的不知道什么是对、什么是错;但有时无知在于不懂得将道德原则应用在具体的处境,例如有学生在课堂上吃东西,就是不知道这样做会骚扰其他学生上课。此外,我认为犯道德错误还有两个原因,一个是意志薄弱,有些人明明知道什么是对、什么是错,但面对道德和利益冲突时,却抵不住利益的诱惑,选择违反道德;或者有些人容易受他人唆使而做坏事,这也是意志力薄弱的表现。还有一个原因就是邪恶的心灵,希望他人痛苦和不幸,完全欠缺同情心和正义感。

德育的方法

道德教育	道德思考	▷	认识道德价值,做道德判断
	道德情感	▷	培养同情心和正义感,发展优秀品德

欺凌问题

虽然有时道德的对错存在争议,例如堕胎;但道德有一定程度的客观性,例如说谎、偷窃、欺凌等都是错误的行为。说谎和偷窃还可以找到例外，比如说白色谎言和战时偷取敌军的情报；然而，欺凌就毫无例外，每一个欺凌行为都是百分之百错误的，甚至是邪恶的，因为那是有组织、有预谋伤害他人（心灵或身体）的行动。我有一个学生，因中学时受到欺凌，到现在还受影响，对人缺乏信任，无法跟同学合作，妨碍了学习。

近年来，学校的欺凌问题的确日益严重，正在执笔之际，又有一年级学生遭受欺凌，耳朵被人插入铅笔的事件发生，这是非常严重的，因为有可能造成听觉永久受损。除了伤人之外，此事件的严重性在于欺凌者只是六七岁的小学生，很难想象年纪这么小的儿童会做出这样的事，我宁可相信这是出于无知，而不是邪恶的心灵。

这件事引起了极大的关注，校方却说没有欺凌事件，只是同学打架造成的。校方只是找不到欺凌的证据，就推论出没有欺凌，是犯了诉诸无知的谬误。但欺凌的确难以找到证据，因为欺凌发生的时候，老师通常都不会在场，而欺凌多是集体性的，欺凌者会互相隐瞒。欺凌集团就像小型的暴力集团，一般会有首领，有些学生被迫加入，因为不加入就会成为受欺凌对象，只好同流合污去欺凌其他人。当然，欺凌也可以有轻重之分，由出言侮辱到造成实质的身体伤害都有，但通常欺凌都会变本加厉。

对于被欺凌的学生来说，学校内就像有一个小型黑社会，教室有如密室，没路可逃，单靠学生自己很难应付，而其他学生为求自保，也未必会挺身而出，指证施害的同学。有时即使教师知道有欺凌事件，也会装作不知情，因为上报的话，等于说自己管教不力，这其实是推卸责任。即使上报，校长亦可能会隐瞒，因为怕影响校誉。学校应该保护受害的同学，教导甚至处罚加害者，学校没有这样做就是不正义。家长发现子女在学校受到欺凌,到学校投诉也未必有结果,最后只好转校,这也正好是学校所希望的,因此若遇到相似情况,不妨考虑报警及寻求教育管理部门协助。发生欺凌事件并不表示学校不好,但隐瞒事件肯定就不是好学校。学校能解决问题,正义得到伸张,才是好学校。

欺凌集团

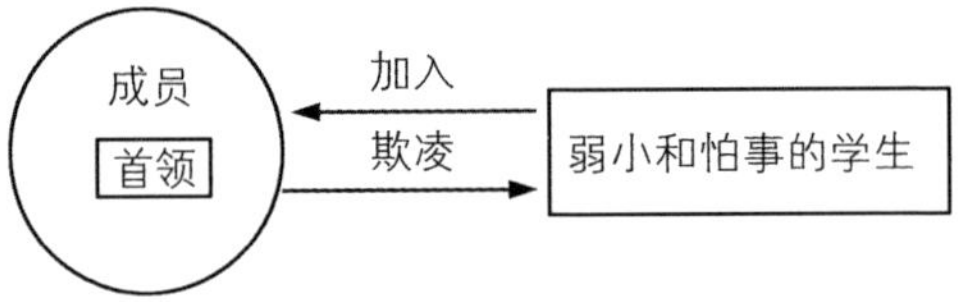

大学之道

以上讨论的对象是中小学,现在就谈谈大学。大部分学生都渴望进入大学,因为大学是知识的殿堂,入读大学是一种荣誉,而个人的价值也得到肯定。对我来说,读大学的最大价值在于从中小学的填鸭式教育中解放出来,享受自由学习的乐趣,也有时间和空间思考人生的意义。

现代大学源于欧洲中世纪的大学,最早出现于 12 世纪,最具代表性的有法国的巴黎大学和意大利的博罗尼亚大学,著名的还有英国的牛津和剑桥大学、德国的海德堡和科隆大学,早期的大学都是修道院，跟宗教结合，之后慢慢从宗教中解放出来，今天我们漫步于牛津或剑桥，仍然可以感受到中世纪时代的宗教气息。中世纪的大学虽然受制于宗教，却突破了国界，具有世界精神，拉丁文是当时的通用语言，就像现在的英文一样，教师和学生可以自由来往于巴黎大学和牛津大学，共同研究学术问题。

哲学家雅斯贝斯（Karl Jaspers）认为，大学的使命就是追寻真理，这是继承苏格拉底的精神。要追求真理，自由是必须的。今天我们都将学术自由视为大学的核心价值，而西方大学的演变，也可以说是一个争取学术自由的过程，先后从宗教和皇权中解放出来。真理和自由的关系密切，这一点穆勒（John Stuart Mill）说得最清楚不过，他认为人在认知上有其限制，谁都会出错，禁止或控制言论会产生很大的恶果，如果言论是正确的，那我们就会失去更正和进步的机会。根本没有人可以拥有全部真理，过往那些自以为拥有绝对真理的人，后来都被证明是错误的，基督教就曾对持正确思想的人进行迫害，哥白尼和伽利略都是受害者。即使言论是错误的，也不要禁止，因为通过批评，真理才得以彰显。思想和言论自由的好处就是让我们发现错误，通过自由讨论，让人提出异议，减少出错的机会。大学就是站在人类知识的最前线，不断前进。所以，大学除了是教学、传授知识的地方之外，也是学术研究的中心。

大学的遗世独立，有时会被批评为象牙塔，对世情毫不关心，也似乎对社会没有什么重大的贡献。不过，这种攻击有以偏概全的问题，首先要看的是哪一个学科，不同学科有不同性质，很难一概而论。还是谈一谈我较熟悉的哲学，在今天的学术界，哲学就好像一个万花筒，有着不同的观点，十分热闹，而且几乎每一个哲学问题都可以不断地争论下去，没完没了。但如果我们拿孔子和苏格拉底的思想为标准的话，哲学则有着启迪众生的功能，孔子开创平民教育，苏格拉底也是在雅典街头跟人讨论问题，引领他们认识自己。孔子和苏格拉底的说话都精简而有力，到今天仍展现出耀眼的光芒；反观当今的哲学理论，用词艰深，充满术语，往往令人不知所云，也不知道有什么价值，只好美其名曰学术研究，苟存于学院之中。

大学的价值和危机

核心价值	学术自由
功能	教学
	研究
危机	知识越来越专门，缺乏统合
	很多学术研究对社会无用，亦缺乏自足价值

关键词再思考	过度竞争　发掘潜能　帮助成长　社会化　创造力　学术自由
相关篇章	《工作》《金钱》《正义》《友谊》

西方最早的学校可以追溯至古希腊时的学院，著名的有柏拉图开创的柏拉图学院，拉斐尔（**Raffaello Sanzio**）的这幅《雅典学院》（***The School of Athens***）云集了古希腊的重要哲学家，其中以画面中央的柏拉图和亚里士多德最为重要。虽然他们是师徒关系，但思想却是对立的。柏拉图手指向上，代表他重视超越的事物；亚里士多德的手则向下，表示他关注现实。其实拉斐尔当时是以达·芬奇（**Leonardo da Vinci**）和米开朗琪罗（**Michelangelo**）作参考来画柏拉图和亚里士多德的，暗示当时这两位艺术家处于竞争状态。

《雅典学院》局部（1509—1511）

作者：拉斐尔
原作物料：湿壁画
尺寸：500cm×770cm
现存：梵蒂冈博物馆

工作

如果不介意没有收入，
最幸福的工作就是做艺术家。

记得小时候听过一个关于蚂蚁和蟋蟀的童话故事，说夏天的时候蚂蚁辛勤地工作，预备过冬的食粮，蟋蟀却只顾玩乐，不理会蚂蚁的劝告，结果冬天来的时候，蟋蟀就饿死了。当然，这个故事的寓意在于年轻的时候要努力工作，否则老来会有悲惨的收场。然而，这个故事似乎不适用于现代社会。因为对于低下阶层来讲，即使辛勤工作了一生，老来也未必好过，而且还有可能过劳死，比蟋蟀还早一步呢！

以上的故事来自《伊索寓言》，但原来的角色是蝉，不是蟋蟀，也许蝉死得太快，所以后来改作了蟋蟀。传统中国人一般都十分勤劳，据说是受了儒家伦理的影响，小孩子从小就被教导要努力读书。读书为了什么？就是为了将来找到好工作。但工作的考核不像学校的考核，只是成绩好就可以，工作没有考试，要视乎对公司的贡献及上司和客户的评价。某种意义上讲，现实是残酷的，当你进入社会工作，现实就会验证你工作的能力；而读书好跟工作能力并非等同，勤劳也不过是工作能力的一部分。

如果工作只是为了生存，那么，“富二代”便不用工作了。当然，生存是基本的，但除此之外，工作就没有其他价值吗？我认为这个寓言的最大问题是犯了“假两难”的谬误，要么就是辛勤工作，要么就是饿死，真的没有其他可能性吗？我既不想做蟋蟀，也不想做蚂蚁。

为什么要工作？

人生大抵可以分为两个阶段，首先是上学，学习社会需要的知识和技能；毕业之后就出来工作，赚取生活所需。对一般人来说，这是最正常不过的，工作就是为了生存。然而，我们也可以为活得美好而工作，在工作中体会自身的成长，为社会做出贡献，这样自我的价值就会得到肯定，也能从工作中感受喜悦，工作的报酬也不一定只是金钱和地位。

职业的德文是Beruf,意思是“神的呼唤”,亦即天职。找到自己的天职是重要的,因为这样你就能发挥自己的长处,实现你的志向,贡献社会。然而,未必每个人都能找到自己的天职,天职也不一定是高薪厚职,而是真正适合自己的工作。举个例子,在我读书的年代,那些成绩好的学生很多都选择读医科,的确,读医是很困难的,它需要聪明的头脑,但更需要的是心。然而,很多人读医只是为了将来有高回报,而且医生是一生的职业;可是,其实很多人并不适合做医生,也很难说得上热爱这份工作。或许你听过施韦泽(Albert Schweitzer)这个人,一个到非洲行医的医生,但他原本是读哲学和神学的,也是一个著名的风琴师,30多岁才立志学医,为的是拯救病痛中的人。为什么要到非洲行医?因为那里的人最需要医生,施韦泽坚持工作到90岁离世为止,这就是天职。

当然,找到自己的天职并不容易,俗语说“做一行厌一行”,这也是大部分人的写照,但相对于没有工作的人,有一份工作也许值得感恩。当然,很多工作都是苦闷的,甚至有些令人厌恶,举个例子,相信没有人会喜欢做打推销电话的工作,我几乎每天都收到这样的电话,但有时也会接听一下,听听那些人说话。因为它可以提醒我两件事,第一,资本主义不断向你推销你不需要的产品;第二,那些不见得愉快的工作还是有人去做,我怎么能够讨厌自己的工作呢?我估计,大部分人都会拒绝这些电话,经常被人拒绝的确不好受,但话说回来,这样不就可以锻炼出不怕被人拒绝的本领吗?

虽然说不同的人适合做不同的工作,但理想的工作总有些相同的地方,是高报酬?带来名誉地位?或是自己的潜能得以发挥?我认为,应是自主性和创造性。就以我的工作为例,我是教书的,科目和内容都是既定的，没有选择的空间，但在课堂上如何授课则有一定程度的自主性和创造性。另外，最近几年我喜欢上了写书，也视之为自己的工作，在写书方面，自主性和创造性都比教书高；但也不可以爱写什么就写什么，或爱怎样写就怎样写，我必须跟编辑合作，听取他们的意见，也要顾及市场的反应。还有，我一直以来都在绘画，做艺术创作，除了所谓上天的创作之外，人类的艺术正是高度自主性和创造性的产物。可是，艺术家这一行通常是无酬的，除非你的作品卖到钱。一般人是为生活而工作，像凡·高这样的艺术家，却是为工作而生活，他虽然得不到金钱上的报酬，而且要到死后才享有名声，但这也可算是回报，如果凡·高天上有知，亦会感到欣慰。

工作的目的

- ▷ 赚取生活所需
- ▷ 实现潜能
- ▷ 自我价值得到肯定
- ▷ 贡献社会

马克思的异议

所有工作都可体会自身的成长，发展自己的潜能吗？恐怕马克思(Karl Marx)的答案是否定的。马克思认为，资本主义社会以追求利润和累积资本为目的,主要就是通过剥削工人来达成。剥削就是指资本家夺去了工人部分应得的劳动成果,根据亚里士多德对正义的定义,这就是不正义。事实上,在马克思的年代,工人的生活的确很悲惨,工资仅足以维生,不但工时长,而且工作环境恶劣,就连儿童也要工作。根据马克思的劳动价值说,人要生活,就需要劳动,生产生活所需,产品的价值正来自人的劳动,而产品的价值又可分为使用价值和交换价值。例如衣服有使用价值,但对一个裁缝来说,他所造的衣服就是用来交换金钱,然后再用金钱来买他需要的东西,这就是衣服的交换价值。商品的交换要通过货币,也就是说,商品的交换价值是用价格来量化,这是马克思所讲的 W1(商品)—G(货币)—W2(商品)模式。但在资本主义社会,模式变成了 G1(货币)—W(商品)—G2(货币)。举个例子,住房有其使用价值,但在很多大城市,很多人买房并不是用来居住,而是投资,当住房价格上升,就会卖出去赚钱;换言之,G2 减去 G1 就是利润。在资本主义社会,连劳动力也变成了商品,资本家用工资(G1) 购买工人的劳动力(W),再将劳动生产出来的东西用高价(G2) 卖出去,G2 减去 G1 就是利润,是剩余价值,也就是剥削。当然,有人也会反驳,资本家也要付出很多,他投资建厂房,又要做管理的工作,况且也有可能亏本,有着潜在的风险。

马克思认为,人和物的基本关系是使用价值,商品的交换价值只是次要的;但在资本主义社会,交换价值变成了主导,商品的价值决定于它的价格,即它的交换价值,而不是其使用价值。但赞成市场经济学的人认为,产品的价格由供求决定,价值是主观的,不是经济学研究的课题。从市场经济学的角度看,根本无所谓最低工资或基本工资,也没有什么剥削存在,因为工资亦由市场的供求来决定。但若我们承认最低工资或基本工资,就表示劳动本身有一定的价值,间接支持了马克思的劳动价值说。

在《1844年经济学哲学手稿》(*Economic & Philosophical Manuscriptsof 1844*)中,马克思分析了工人出现的三种疏离,也就是异化,那就是人创造出来的东西跟人对立,反过来成为支配人的力量。跟以往手工业相比,在资本主义制度下的工人不再是产品的拥有者,他跟产品疏离,他工作的时间越长,生产的东西越多,剥削也越大,产品变成了压迫他的力量。在工厂的分工制度下,工人只负责一个细小程序,从工作中不能获得满足感,他跟生产过程疏离。工作除了是满足生存的手段之外,人的创造性在工作上也应得到满足;但工人的劳动只是为了生存,他跟自己疏离。这三种疏离导致人性的丧失,工作之外就是饮食,人好像动物一样过活。

异化

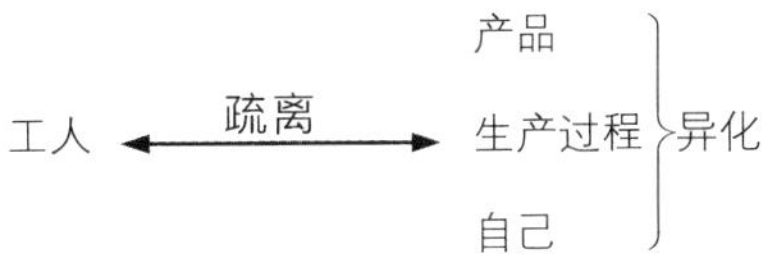

也许马克思当时的说法有点夸张,但即使没有剥削的问题,这种单调乏味的工作也很难有成就感。那么,没有异化的人生是怎样的呢?人能够自由工作,实现自己的潜能,从工作的创造性得到满足感,相对于异化的人生,这种自主的人生不妨称为真实的人生。马克思认为,只有在真正的共产主义社会,工作才是自由选择的,那是为了实现自己的潜能。当然,今日的资本主义跟马克思当年的已很不同，工人的待遇改善了，不但有最低工资和最高工时，也有失业救济。但他所讲的剥削和异化，及工作的自主性和创造性，仍值得我们正视。我们也不妨问问自己，究竟工作上有多少自主性？有什么原因阻碍我们实现自己的潜能呢？

工作的方法

人类的工作千差万别，很难说有一些方法能够适用于所有工作，所以只可以一般而言。首先，体会工作的意义很重要，那就是第一节所讲，让你成长和做出贡献，如果确认是你的天职的话，那就要更加倍努力，热情和感恩都需要。

要工作顺利，就要先知道自己在公司的位置、所负的职责、认识所属的部门，如何跟同事协调，及了解公司的经营理念。例如我在社区学院工作，教书是我的主要职责，我属于人文学部，教的是哲学，而学院的经营理念就是提供优质的副学士学位，让未能通过公开考试入读大学的学生有另一个升学途径。

辨别工作的轻重和优先次序也很重要，我以前做过编辑，很多时候会有些工作突然插进来，如果不懂得缓急先后，就会十分狼狈。现代社会的工作很繁忙，需要你同时处理好几件事，就好像妈妈做饭一样，要同一段时间处理清洗食物、煮饭、煲汤、炒菜、蒸鱼等工作。有人认为在这方面女性比较优胜，男性则擅长专注某件工作，所以专家多数是男性,据说这是因为男女脑部的构造不同。如果能同时具备这两种能力,做事的效率就会提高。事实上,现代社会对工作能力的要求不止一种,是多方面的。

至于如何提升工作能力,当然要努力、认真、思考、阅读、聆听、吸收相关的资讯。除了自己的专业之外,阅读历史和伟人的传记也不错,因为可以吸收前人的成功经验和失败教训,我当年能够考入中文大学哲学系的硕士班,就是因为懂得找 past paper 来做,历史正是人生和成功的 past paper。个人认为,楚汉相争的历史就很有启发性。读历史可以增强辨别的能力,艺术则最能激发人的感性,所以最好就是看出色的历史电影或电视剧。

我们大部分的工作都要跟他人合作,所以人际关系十分重要,这样才能发挥团体的力量,即使现在我写书,看似很个人,但正如前面所言,也要跟编辑互相协调。有些人很有能力,却未受重视,所以常常觉得自己怀才不遇,但其实重要的还是为所属团体带来利益,这才是有用的,有能力跟有贡献并非等同。我认识一个人,也是教哲学的,就是之前提到以高级知识分子自居的那位,他很喜欢讲一些我认为是无谓的原则,由于太过坚持这些原则,结果跟人在合作上产生很大的困难。这些有聪明脑袋的人,就只是满足于自己的工作,却不理会他人的需求,没法跟共事的人协调。不妨这样想,工作也可以是爱的一种表现,满足他人的需求也就是做出了贡献,毕竟正因为大家各有所求,才会有社会的出现。

现代资本主义社会经济繁荣,大家都忙于工作,如何能善用时间,提高工作效率呢?意大利的经济学家帕累托(Vilfredo Pareto)发现了一个法则,称为“帕累托法则”,又名“80/20 法则”。这个法则的原理是,在我们的工作中,只有20%是真正重要的,其余80%都是次要的,关键就是要做好这20%的工作。这个原理可以应用到其他方面,例如公司20%的客户占了公司80%的营业额,那么我们的工作重点就是照顾好这20%的客户。又例如,以一天工作10小时来计算,真正有效率的只有两小时。所以,不要埋头工作,或为分析而分析事物,而是判断工作中重要的20%是什么。很多人做事失败的原因就在于完美主义,将精力放在细枝末节上,而未能把握重要的部分。就好像我在户外写生一样,铅笔画也许可以当场完成,但水彩画就几乎不可能,所以我必须在现场完成主体部分,定下整张画的色调,这就是重要的20%,其他细节回家再画也没有大问题。

现代社会的工作也讲求创造性,相信大家都可能听过头脑风暴法,那是集体创作的方法,通过联想,互相刺激,寻找创意。在写作方面,我建议可用川喜田二郎所创的"KJ法",KJ是其英文名字Kawakida Jiro的缩写,方法是将跟某个主题有关的想法写在便利贴上,到了一定数量之后,就将它们归类,然后整理成一篇文章。其实我不自觉地某种程度上也用了类似的方法来写作。

现在已经进入了企划力的时代,单靠勤奋是不够的,创意和想象力都十分重要,但在忙碌的工作中,却难以培养创意和想象力。在经济学上,有所谓"效用递减"原理,意思是当某单位到达某个程度之后,其效用的增加就会递减,例如连续工作了两小时,最好就休息一下,这样才能持续有效地工作。又例如放年假,可以让你休养生息,积蓄能量。在休息的时候,人会处于放松的状态,灵感也特别容易出现。工作狂其实并不令人羡慕，很有可能是想用工作来逃避其他问题。

提升工作的能力

体会工作的意义	思考是否是自己的天职
掌握重要部分	帕累托法则
创造性	KJ 法、脑激荡法

工作的烦恼

相信大部分人都有工作上的烦恼，可能工作本身就是烦恼的来源，只要想一想繁忙的工作，就可能会胃痛、头痛或失眠。但如果没有工作的话，可能会更加烦恼。相信刚刚毕业的人，大部分要面对的第一个问题就是找工作，那就会碰到求职的烦恼。在过去的社会，几乎没有择业的问题，工作跟你的出身紧紧连在一起，例如在中世纪时期，大部分人都是农奴，被束缚在庄园上，能够自由选择职业的人很少。但现代社会不同，职业种类繁多，何止千种，如何选择的确是一个问题，有时甚至令我们感到不安，自由反而带来了负担。当然，最理想的就是找那些跟自己志向相近的工作，以我自己为例，我喜欢哲学，所以较为理想的工作就是教哲学、写有关哲学的东西或是做推广哲学的工作。

即使十分喜欢工作的人，也会碰到人际关系的问题，事实上，我们有很多烦恼都来自人际关系。我有一位朋友，她本身十分喜欢原有的工作，但令她烦恼的是有一位嫉妒心很强的上司，也许这位上司感到她具威胁性，于是不断对她进行恶意攻击，最后她选择了离职。的确，有不少蛮横无理的上司，动不动就骂人，这些人往往是无能的，由于自卑感作祟，要靠骂人来树立威严，强迫下属认同。我也有一个类似的经验，大概十多年前，我在另一间教育机构工作，有一位能力不高的上司，正因为能力不高，所以经常犯错，但最糟的是他还将责任推卸给下属。

作为主管或领导人并不简单，很多有能力的人未必适合这类工作，因为单人作战与指挥作战是不同的，比如说单打独斗，项羽必胜韩信；论领军作战，则韩信可能稍胜一筹；但若是说善于用人、胸襟广阔，则刘邦又比韩信强得多，刘邦之所以能击败项羽，全靠身边助他的有能之士。所以，作为主管，不但要有管理能力，也要善于用人。

另一个工作的烦恼就是转职问题。转职需要冒险，尤其当你已经有一份安定的工作，如果选择错误怎么办呢？不过，现在的职场充斥着临时工、短期合约之类的工作，工作很难像以前一样有所保证。凡·高就是不断转换工作才找到自己的天职，最初他做艺术买卖的工作，也当过教师和牧师，最后才立志成为画家。

未来的工作

现代是一个专业化的时代，甚至过分专业化，以致各种专业到达了几乎不能沟通的地步。在200年前，科学被称为自然哲学，但现代的科学已经越分越细，某个领域的科学专才，可能对另一个领域的科学一无所知。然而，在过去，杰出人物往往是通才，也专于不同领域，就以17世纪的笛卡儿(René Descartes)为例，他既是哲学家，也是科学家和数学家；又例如文艺复兴时的达·芬奇，是艺术家，也是科学家和发明家，而且他擅于将一个领域的知识运用到另一个领域，比如说将解剖的知识应用到绘画上。

我相信在未来的世界，学科的分别及职业的界限会变得越来越模糊，其实现在已有跨界别和混合的趋势，想想一个读物理的人从事小说创作的话，他的观点一定有别于读文学出身的人，我想起了日本的小说作家东野圭吾。虽然现在的世界仍很注重学历和证书之类的东西，但我相信未来的世界会有所改变，因为敢于抛弃学历的人，才有勇气挑战新的领域。

最近，谷歌研制的人工智能AlphaGo击败了世界第一的围棋高手，引起了很大的讨论，有人认为人工智能的时代已经来临，现在的大部分工作在未来都会被人工智能取代，有人甚至担心人工智能会全面取代人类，成为世界的主人。其实早在20年前，电脑已经可以击败国际象棋的第一高手，但国际象棋可以计算对手的棋步，只要输入足够资料就可以。而围棋不同，棋步多至无法计算，而AlphaGo亦有别于一般的人工智能，它具有自行进化的学习能力，能从失误中学习,就跟人脑一样。

根据目前的趋势,在不久的未来,劳动性的工作将会被机器人取代,虽说商业和服务业仍以人为主,但一般事务性的工作也可由人工智能负责,人只需做判断、交涉、计划等工作。其实人工智能的出现更能凸显出人的尊严和价值,就是人类有心灵,机器没有。

著名经济学家凯恩斯(John Maynard Keynes)认为,随着科技进步,人的工作时间将会减少,到最后几乎不需要工作,经济成长满足了人的需要,带来了自由和解放,到时候我们就有充裕的闲暇,过着愉快和智性的生活,人也可以选择自己喜欢的工作,就好像马克思所讲的共产主义天堂:"早上打猎,下午捕鱼,傍晚放牛,晚上评论时事。"但凯恩斯说得比马克思还要确定,他在1930年做出预测,100年之后(即2030年)就可以实现,我落笔之时距离2030年只有十来年,看来他的预测要落空了。当自动化的机器可以负起所有劳动性工作,剩下来的工作就比较有创造性和满足感,也没有了马克思所讲的剥削和异化,那时我们真的可以像中世纪的乌托邦思想家康帕内拉(Tommaso Campanella)所预言的,每周工作4天,每天只工作4小时。如果人类不会因核战而毁灭现有的文明,我预测2200年就会出现这样的乌托邦。未来的人会拥有大量闲暇,如何使用闲暇就成为一个大问题,心灵的工作也会变得十分重要,就好像现在的金融业一样,开拓心灵的工作在未来也可产生利润。

关键词再思考	自主性　创造性　资本主义　专业化时代 跨界别　人工智能
相关篇章	《学校》《金钱》《正义》《家庭》

相关篇章 《学校》《金钱》《正义》《家庭》

这是法国写实主义画家米勒(Jean-François Millet)的名作《拾穗者》(*The Gleaners*),画中描绘三位妇女正低头弯腰,在收割后的麦田上捡拾余下的麦穗。米勒刻意不表现人物面部的细节,面孔常常隐没在阴影之中,这样就更加凸显出他们的动作,充分表现出劳动的意义,劳动者仿佛雕塑般屹立在永恒的土地之上,虔诚地工作,给人一种宗教般的情怀。

《拾穗者》(1857)

作者:米勒
原作物料:油彩
尺寸:111cm×83.5cm
现存:巴黎奥塞美术馆

金钱

金钱既不是万能，
也不是万恶。

相信有很多人都买过彩票，我读小学的时候，爸爸几乎每一期都买，当时只有36个号码，但他买了这么多年，好像连安慰奖也没有中过。有一次他要我选出6个号码，我随便说1、2、3、4、5、6，谁知道他竟然说这些号码不会中；但其实学过概率论的都知道，六合彩搅珠每一次都是独立事件，每一组号码中奖的机会都一样，那就是 $1/36 \times 1/35 \times 1/34 \times 1/33 \times 1/32 \times 1/31 = 0.0000005134$。虽然中奖的机会很小，但几元就可以买个希望，那正是穷人的希望。

过去有所谓的清贫思想，安贫乐道，就好像孔子的得意弟子颜回，住陋巷，粗疏食，仍然不改其乐。的确，传统的哲学和宗教大都对金钱抱负面的看法，亚里士多德认为，金钱不是通往幸福生活的正确道路，正如古代寓言中那位贪心的国王，手指碰到的任何东西都会变成黄金，结果因不能进食而饿死。苏格拉底也认为，金钱会腐蚀我们的思想和灵魂，主张我们应过一种简朴的生活；他的学生安提斯泰尼（Antisthenes）创立了犬儒学派，认为人应该从任何外在束缚（如名利和享乐）中解放出来，灵魂才得以自由；安提斯泰尼的学生第欧根尼（Diogenes）则更进一步，只生活在一个桶子内，别无他求，最贯彻犬儒学派的实践。然而，在今天市场经济高度发达的社会，这种想法已行不通；因为那种几乎可以自给自足的年代已经过去，没有一个时代像现在这样，金钱变得那么重要。

人的内心都有着追求成长、发展和繁荣的意欲，即使动物和植物也不例外；但生存在这个物质世界，我们又不得不以金钱为富有的标准，其实金钱不过是达致人生富裕的手段，它只有工具价值，没有内在价值。

工具价值 VS 内在价值

工具价值	追求的事物是由于它带来我们需要的后果	例如金钱
内在价值	追求的事物是由于它本身，并不是它带来的后果	例如知识

万恶与万能

相信大家都听过“金钱是万恶的”这句话，有人认为，金钱会令人变得唯利是图，重利忘义，所谓“为富不仁”，有钱人都是不义的。那些不良商人不就是为了赚钱而不择手段吗？生产出黑心米、地沟油、毒奶粉之类有害健康的食品。

的确，在人类历史上，大部分人都是穷人，而有财有势的贵族和官吏则欺压着穷苦大众，所以会出现类似罗宾汉劫富济贫的正义之举。但到了近代，这种情况得到明显改变，市场经济造就了人凭着努力也有成功的机会，于是优秀的企业家出现，带来社会经济繁荣，例如日本的著名企业家松下幸之助。以为这些企业纯粹以赚钱为目的的想法似乎过于狭隘，那是卓越的经营，创业并持续发展，创造了就业的机会，养活了不少人。

过去的宗教将追求金钱视为堕落，在但丁的《神曲》中，放高利贷的人会被囚禁在地狱的底层，你不可以同时敬拜上帝和玛门，耶稣就曾说过，“有钱人若要进天国，比骆驼穿过针孔还要难”。这句话可以这样解释，就是执着于财物的价值，无视于心灵的人，死后将会进入地狱，要让他们上天堂的话，则是十分困难的。为了争夺巨额遗产而打官司、兄弟反目，或为了金钱而犯罪，与其说金钱令人堕落，不如说是人性中的自私、贪婪和愚昧令人堕落。

金钱本身是中性的，没有善恶之分，经济繁荣并没有什么不好，善于运用金钱还可以造福人类，想一想贫穷的地方，罪案和疾病也特别多。孔子说：“不义而富且贵，于我如浮云。”换言之，财富取之有道就没有问题，这就是儒家的“见利思义”。富贵不一定不义，将追求财富等同唯利是图、不择手段，只是思考混乱的产物。勤奋、认真工作，对社会做出贡献，正当地累积财富，这有什么问题呢？如果能将财富用在有益的地方，那就更有价值，此所谓“以善招善”。当然，我并不是说富有的人都一定是好人，但若能够让好人富起来，社会就会变得更美好。贫穷的好人虽然安贫乐道，但却缺乏积极地为他人谋幸福的经济力量。

很明显，“金钱万恶”是一个错误的陈述，至于“金钱万能”则是一个夸大的说法。当然，金钱是重要的，我们的基本生活需要，衣、食、住、行都需要金钱才得以满足，因为金钱是一种通用的交换媒介，有了钱，就可以买到我们需要的物品和服务，有更多的金钱，我们就可以得到更好的物品和优质的服务，例如住豪华大宅、出入名贵房车、环游世界等。虽然金钱也有利于我们维持健康，发展自己的兴趣，增进亲情、友谊和爱情，但金钱买不到健康、才能、成就、知识、亲情、友谊和爱情。在市场上，你可以用钱买到电影金像奖的奖杯，却买不到这个奖本身。

正如前面所说，金钱只有工具价值，没有内在价值，一旦金钱满足了我们的需要，再多的金钱其实是多余的，那些本身已经很富有还拼命赚钱的人可能误解了金钱的价值，或者他想要更多的金钱作炫耀，又或者要比谁都更有钱，我想那些亿万富豪可能就在不断比拼谁更有钱，这其实是为名。当然，有时我们很难说多少钱才足够，因为第一，每个人的需要不一样；第二，未来具有不确定性，例如你不知道自己有多少年寿命、金钱会否贬值等。于是有人认为，钱还是越多越好，越多就越有安全感，我们还要为了未来不断投资，可是，我所见的是，越是投资的人却越常在担忧之中。

对金钱的误解

误　解	真　相
金钱万恶	金钱是中性的，只有工具价值，是善是恶在乎我们怎样运用
金钱万能	有些东西金钱不能买，有些东西金钱不应买

消费时代

在人类历史上，相信没有一个时代像今天，金钱会变得如此重要，因为我们已经进入了消费年代，没有钱，又怎样消费呢？市场主义经济是依靠不断生产和消费来运作的，而广告就负起了鼓吹消费的任务，消费主义甚至变成了一种意识形态。据说每 10 个人之中，就有 1 个购物狂，需要通过购物来纾解生活压力。当然，喜欢消费的人不一定上了瘾，也可以是通过消费来显示自己的身份；但有人认为这样反而带来了身份的焦虑，因为自我价值不再建基于道德和情感，而是取决于我们的收入及如何消费。法兰克福学派就认为消费主义充满错误的自我意识，很多批评者也指出消费主义导致浪费和环境污染。

不过，亦有人认为消费者并不是被动地消费，他们通过购买来肯定自己，对某些人来说，拥有名牌产品的确令人愉快，甚至赋予了生活的意义，就像波普艺术肯定商业文化。广告和商标正是现代社会的文化表征，就好像宗教图像是中世纪的文化表征一样。品牌的确重要，因为它通过购买可见的东西，来显示出自己拥有那些看不见的东西，那就是自信、地位和声望。

也有人主张消费结合道德，通过选择性消费，积极地改变社会，令它变得更好。例如抵制那些在生产过程中会污染环境的产品、拒绝购买由童工制造出来的产品、只喝公平贸易的咖啡等，这样我们既可以表达不满，也可以对生产商施加压力。自觉到消费也有责任，将金钱和道德结合起来，这的确是一个很棒的概念，反客为主。不过，要真的取得效果，有两个必要条件，一是抵制的人数要够多，这样才能对生产商施加真正的压力；二是我们要掌握正确的资讯，了解其中的因果关系。但要做到第二点其实非常困难，因为我们几乎要到达无所不知的地步。另外，有些抵制行为亦存在争议，例如近年兴起抵制有鱼翅的婚宴，因为捕杀鲨鱼的方法很残忍，但如此说来，难道捕杀其他鱼类就不残忍吗？

消费时代可以说是资本主义的果，而资本主义的因又是什么呢？根据19世纪社会学家韦伯(Max Weber)的研究，基督新教的伦理促成了资本主义的兴起，勤劳、节俭和荣耀上帝等美德使资本得以累积，从商也被视为一种神圣的职业。在过去，荣誉来自贵族血统和武士的战绩，商人的地位不高；但现代社会就不同了，财富跟地位紧密地联系在一起。资本主义预设了私有财产和市场制度，以下会逐一讨论。

国富论

18世纪的经济学家亚当·斯密所写的《国富论》(*The Wealth of Nations*),改变了过去大家对经济的看法,人人追求利益的最大化,整个社会就会得益,为资本主义提出了理据。

资本主义的特性{分工增加生产力;资本累积}

私有产权

在人类对理想社会的想象中,通常都是以公有制代替私有制,例如在柏拉图的理想国,守护者是不容许拥有私产的;中世纪结束时,英国的摩尔爵士(Sir Thomas More)设想的乌托邦之岛上,也是一个人人平等、没有私有财产的共有社会,人民在计划经济下从事农业和手工业;至于马克思的共产主义天堂就更不用说了。

18世纪的法国哲学家卢梭(Jean-Jacques Rousseau)相信,人类未进入文明社会之前,是生活在无拘无束的自然状态中,但后来私有财产出现,人开始变得自私。而金钱货币的发明,使得财富积累成为可能,因为农作物会腐烂,金钱却不会。金钱累积会产生财富不均,带来极大的经济不平等。但17世纪的英国哲学家洛克(John Locke)认为,这种不平等是一种必要的恶,因为货币的自由流通可以带来创造和繁荣。

虽然私有财产已有很久的历史，但洛克才是第一个从哲学的角度证立产权的人，这就是有名的劳动产权论（labour theory of property rights）。洛克认为，万物是上帝创造出来给人类的，所以万物也由人类共同享有，由于人有生存权利，生存就必须消耗这些物质，问题是，如何将公有的东西变为私有呢？比如说土地，洛克参考美国殖民的经验，认为加上劳动力（劳动力属于私人）因素，如在土地上耕种，增加它的价值，就可以占有这块土地。这就是洛克有名的劳动引致产权的理论，而财产权也就是我们的基本权利。洛克的产权理论遭到很多批评，例如他说加入劳动力就可占有土地，但只在土地上行走算不算加入劳动力呢？如果加入劳动力是指使土地产生某些成果的话，那为什么我们不只占有成果，还可占有土地本身呢？又或者说我们只可以有土地的使用权，而不是土地的所有权，是否死后就要将土地交出来，不可以转让或留给下一代？不过，正如孟子所说，“无恒产则无恒心”，要鼓励人努力工作，私有制的确很有效，而将产权视为基本权利，则能有效保障私有制。不过，洛克认为通过劳动力占有土地是有条件的，那就是“留给足够和一样好的东西给其他人”，对当时人口相对稀少的地方来说，还没有什么问题；但对今天的社会来讲，这个条件就很难满足了，所以 20 世纪的哲学家诺齐克（Robert Nozick）将它修改为“不会令其他人的处境更差”。比如说资本家占有了土地，在上面盖了工厂，雇用工人，创造了就业机会，虽然其他人不可以使用这块土地，但在工厂工作会比原来的生活状况更好。

市场功能

资本主义的另一个特色就是市场经济,通过市场,每个参与者都可以自由买卖,满足自己的需要,因而得益。生产者通过市场,出售货物或服务,获取利润;消费者则可以购买满足自己需要的货物或服务。当然,自由经济必须有竞争,通过竞争,货物和服务就可以不断得到改善,或者创造新的货物和服务。

在市场经济中,每一个参与者都是根据自己的目的而行事,并不需要所谓共同目的或价值。正如亚当·斯密所说,市场就像一只无形之手,将所有参与者协调起来,建立一个有规则可循的秩序。20世纪的经济学家哈耶克(Friedrich Hayek)对自由市场有更深入的阐释,他认为,市场是一个自发的秩序,所谓自发秩序的意思是指这个秩序不是由于外力或内力所形成,而是由各个元素的互动所产生。在人类历史上,市场秩序是慢慢演变出来的,首先人类通过以物易物,然后发明了货币,接着是产权和合约规则的出现,最终缔造了今日全球庞大的交易市场。

在市场经济中,每个参与者要做什么事都由自己决定,例如要生产什么东西或购买什么,当然他要遵守某些规则,如法律和诚实等。相反,计划经济就不同,要生产什么,如何生产,什么人负责生产,分配给哪些人,都由上面下达命令来决定。但问题是,决策人根本就不可能掌握到足够的资讯,例如"人民需要什么",因为每个人的需求都不同;又例如,"每个人有什么才能",所以也不能充分运用人才。这些信息数量极其庞大,而且十分分散,它涉及每一个人的价值观和行事的动机。因此，这种生产不但没有效率，而且生产出来的东西也欠缺改善的空间。但在市场经济中，价格机制所提供的信息就足以让我们行动，节省了不少时间和精力。举个例子，现在防水布的价格因需求增加而上升，作为生产商，就会试图找一些更便宜的物料来制造防水布，或者制造一种有防水功能的代替品，这样就可以将资源引导到最佳的用途上，减少资源的浪费。

虽然市场制度有其重要的功能，但在过去30年，市场逐渐入侵非市场的领域，一度引发争论。例如主题公园推出了贵宾票，只要买了贵宾票，就不用像持普通票的人般排队，可以直接享用游乐设施，本来排队是公平的，现在有钱就可以插队。又例如有人赞成器官买卖市场，因为器官的需求很大，单靠捐赠满足不了需求，然而这样做会产生几个问题：第一，压迫穷人，因为穷人急于需要金钱时，就不得不贩卖自己的器官（卖一个肾或半边肝脏还可以继续生存）；第二，器官买卖会降低人的尊严，将人物化；第三，器官买卖会令自愿捐赠的人减少，因为捐赠的背后是利他主义，而市场化则改变了捐赠的意义。第三点涉及验证的问题，我们可以援引英国社会学家蒂特马斯（Richard Titmuss）对献血所做的研究，他比较了英国和美国的献血制度，英国是依靠志愿者捐赠，而美国除了自愿捐赠之外，也购买血液银行的血液，而这些血液大部分来自以卖血为生的贫穷人士。研究发现，英国的献血制度比美国好，因为将血液转变为商品，就会破坏献血的责任，伤害背后的利他精神，结果减少了献血的人数，而来自市场的血液则会导致长期性血荒，成本上升，血液的污染机会也增加了（卖血的人很有可能是病患）。也许这就是金钱和道德对立的实例。

市场的利弊

利	通过自愿的交易,买卖双方都得到自己需要的东西,对社会整体都有利
弊	渐渐入侵非市场的领域,危害平等和利他等道德价值

企业责任

企业的组成

商业机构:主要目的是盈利,具法律地位,例如能够拥有物业、签署合约、举债、缴税、控告或被告

- 投资者:即股东,商业机构的拥有人
- ▽
- 管理层:负责运营
- ▽
- 员工:生产货物或提供服务

在资本主义社会,企业的盈利相当庞大,有人认为这些企业既然取之社会,就应该对社会有责任。例如在香港地区,就有声音要求港铁公司减票价,因为昂贵的交通费对贫穷人士来讲是一个很大的负担,而港铁主席却表明商业机构没有责任解决贫穷问题。正如著名的经济学家弗里德曼(Milton Friedman)所讲,商业机构是股东所拥有的私人产业,所以商业机构的唯一责任就是牟取股东的最大利益。换言之,商业机构对社会没有责任,只要不违反法律就可以,我们可以称这种理论为"股东模式"。如果要商业机构解决社会问

题,如贫穷、污染、歧视等,那就会增加经营成本,在一个竞争激烈的商业社会,这只会令自己处于不利位置。的确,盈利才是商业机构的主要目的,若亏本的话,公司就会倒闭;而且要商业机构负上社会责任就会妨碍市场运作,扭曲商业的经济功能,危害自由市场的稳定。

反对“股东模式”的人认为,除了股东之外,商业机构对其他持股份者如员工、顾客、供应商、社区和环境也有一定的责任,所以公司的管理层要平衡各方面的利益,这可称为“持股份者模式”。具体来说有什么责任呢?例如,商业机构应该尽力避免伤害自然环境,提供安全的工作环境及公平的晋升机会给员工,确认并维护顾客的权利等。但问题是,为什么商业机构对社会有责任呢?有两个主要的理由,第一,社会责任对商业机构、持股份者和社会整体都有利。如果商业机构负起社会责任,就会有好名声和形象,那就可以吸引顾客,员工也乐意在这里工作,供应商也较愿意跟它合作,这样商业机构就能获取长远利益。第二,社会容许商业机构经营,为它提供人力资源和稳定的环境,所以商业机构对社会也有一定的责任,就好像有一份隐含的契约存在于社会和商业机构之间。在西方社会也有慈善的传统,那些成功和富有的企业家,都会乐于捐献部分财产作慈善用途,早期的代表人物有卡耐基(Dale Carnegie)和洛克菲勒(David Rockefeller),近期则有盖茨(Bill Gates)。

说到企业责任,我认为在未来30年的经济发展中,企业要肩负更大的责任。历史学家福山(Francis Fukuyama)在《历史的终结与最后一人》(*The End of History and the Last Man*)一书中指出,在经济上,资本主义已经是终极的形式,但亦有人担心资本主义正不断消耗着自然资源,加上人口不断膨胀,估计到了 2050 年,全球人口就有近 100 亿,这时经济增长将会到达尽头,同时亦会产生能源和粮食短缺的危机,最终就会爆发战争。所以有人主张我们必须限制经济成长,回到过去心灵满足的日子。但这种想法是行不通的,因为它只会令我们生活在贫困之中。经济学家德鲁克(Peter Drucker)认为,资本主义会经历转换期,那就是要有更好的时间管理和创造更多的财富;换言之,努力和创造仍然是资本主义的核心精神,也充分发挥个人的才能和自由。新的企业家必须有更广大的气魄,要具有百年才可以有回报的创业精神,不像现在般“炒楼”和“炒股”,只图短期的个人利益。几年前有一部日本电影《哪啊哪啊神去村》,讲述日本的植树业,电影要表达的就是种植树木需要百年以上才有收益;换言之,现在的工作只是为了下一代的利益,未来的企业也要有这样的精神。另外,就是要开拓新的资源和市场,例如海底、地下、太空,等等,只有扩大经济的规模,才能养活将来的庞大人口。

关键词再思考	消费时代　私有制　劳动产权论　市场经济　利他精神　企业社会责任
相关篇章	《学校》《工作》《正义》《家庭》

一直以来，艺术家都强调艺术和金钱是对立的，为金钱而画的不会是好的作品；但波普艺术却歌颂商业文明，将艺术和商业结合起来，波普艺术家安迪·沃霍尔(Andy Warhol)甚至宣称十分喜欢金钱，还说做生意就是最好的艺术。他不仅以商品为创作主题，更模仿商品大量生产的方式，称自己的工作室为“工厂”，这幅画《美元符号》(*The Dollar Sign*)更索性画上了金钱符号，可见他的率直。

《美元符号》(1982)

作者:安迪·沃霍尔
原作物料:油彩
原作物料:丝网印刷
尺寸:220cm×178cm
现存:纽约里奥·卡斯帝里画廊

正义

正义涉及个人、社会、全球，甚至宇宙。

小时候最喜欢看的就是超人电视剧，因为超人会主持正义，维护世界和平。当时我也很想学功夫，以为懂功夫就可以对付坏人，于是请求爸爸让我学功夫。但爸爸拒绝了，反而让姐姐去学，他的理由是女孩学功夫可以防身，但男孩学功夫就会打架。

什么是正义？正义就只是惩罚坏人吗？在学武一事上，爸爸对我和姐姐有不同的对待，又是否对我不公平呢？

在柏拉图的对话录中，苏格拉底跟人讨论什么是正义，但最终没有答案。柏拉图认为，个人的正义就是灵魂处于和谐的状态，而社会的正义则是每个阶层都能发挥它的功能，社会和谐一致。对亚里士多德来说，正义的行为就是不取自己不应得的东西；但什么是“不应得的东西”往往由社会来界定。似乎柏拉图和亚里士多德讲的正义，跟今日我们所了解的很不同，从现代人的角度看，柏拉图的理想国反而是一个不公正的社会，因为这种阶级分明的社会既没有自由，也没有平等，奴隶制更是违反人权。自从法国大革命之后，自由和平等成了人类追求的目标，亦形成了现代人的正义观念。

现代社会讲的正义有两种，一种是报应的正义，另一种是分配的正义。前者涉及刑法或惩罚，后者则有关利益的分配；而所谓超人主持正义，指的就是前者，至于爸爸对我和姐姐的不同对待则属于后者。

正义即公平

有时，双方立场不同，对正义会有不同的看法，例如发动恐怖袭击的极端组织说“圣战”是正义的，但对美国来说当然认为反恐战才是正义的。然而，在我们的常识中，正义也有确定的意思，就是公平地对待他人，比如说男女同工不同酬就是不公平。不过，公平对待不一定是相同的对待，例如在家庭里，父母会多花时间照顾比较弱小的孩子，因为比较强的孩子懂得照顾自己，不同的对待才是相对公平。由此可见，不同的对待是由于两者有差异，但差异能否证立不同的对待则往往有争议。

常识中的公平原则

公平原则 { 相同的对待
不同的对待，若两者的差异可以证立这种对待

举个例子，在香港地区的中学派位中，教育部门会在所谓的Band one(一类)学校预留一些学位给男生，为什么要这样做呢？因为小学六年级女生的脑部发育比男生成熟，所以一般来说，女生的成绩比男生好，若只根据成绩派位的话，女生入读Band one（一类）学校的机会一定比男生大，这样做是为了保持男女生的平衡，也是保障男性的利益。可是，女生会质疑这是不公平的，甚至批评为性别歧视，因为成绩比自己差的男生反而能入读Band one学校。虽然有关部门能证明男女生在脑部发育有明显的差异，但这个差异能合理化优待男生吗？

又例如，在美国，过往对黑人的不公平对待，使他们一般处于较低的社会经济（又称社经）地位，大部分黑人只能担当低层的职位，如清洁工人；所以有人认为，单单停止歧视是不够的，要补救过往的错误，弥补这些伤害，应该给予这些弱势社群优待性的补偿，以提升他们的社经地位，这称为积极歧视。比如说，大学预留一定比例的学位给这些弱势社群，或者政府招聘时要录取一定比例的弱势社

群。但这些优待性补偿往往会招来不公平的指责，认为以前歧视黑人，现在则歧视白人。亦有人认为追求后果平等是不当的要求，人应该凭自己的努力去争取社会利益，我们顶多在起步点上帮他们一把，机会平等才是合理的做法。

这个合乎常识的公平原则其实有点空洞，因为没有说明清楚什么应该相同对待，什么才应该不同对待？那么，有没有一个较为具体，但又不失普遍性的正义原则呢？

罗尔斯的正义论

罗尔斯(John Rawls)是美国哲学家，任教于哈佛大学，1971 年出版了《正义论》(*A Theory of Justice*)一书，这是一本划时代的著作，原因之一是它引起了社会的极大反响，不单是哲学圈，连经济、法律和政治等专业领域都有人讨论他的主张。20 世纪 60 年代的美国出现了很多社会运动，如民权运动、嬉皮士运动、新左派运动等，质疑现存的自由民主制度。某种意义上，《正义论》像是回应这些挑战，为现存的制度辩护。

在日常生活中，早已存在很多公正的分配原则，例如平等分配、按需要分配、按贡献分配、按能力分配、按努力分配，等等。当然，不同领域应该用不同的原则才恰当，例如医疗福利应该按需要分配，工作收入应该按贡献和能力分配。但罗尔斯所探讨的正义原则是在一个更高的抽象层次上，它的对象是社会的基本结构，即宪法、法律、政治和经济制度等如何组成。

什么样的正义原则才合乎道德呢？罗尔斯采用契约论的立场，设计出一个原始境况，立约者被一个无知之幕所遮蔽，不知道自己的具体情况，包括性别、种族、能力、喜好、社会阶级及宗教信仰等，只知道有其理性的人生计划及一般的有关经济和心理的知识。在这种状态下，经过各方同意选择出来的正义原则就合乎道德的要求，因为它是理性的人在自由和平等境况下的商议结果，符合纯粹程序的公正，所谓纯粹程序的公正是指经程序产生的任何结果都是公正的，例如投票和抽签。

由于不知道自己的具体身份和能力，在这种不确定的情况下，立约者在选择正义原则的时候，就会采取保守的态度，认同社会上最不利的阶层，因而会采用最高程度最低额的规则来选择分配基本有用物品（自由、权利、机会、收入、财富、地位及自尊）的原则。基本有用物品对任何人生计划都是必需的，而所谓最低额的规则就是指在各种最差情况的可能性中，选择最好的那一个，例如在 A、B、C 三个选择中，它们最差的可能情况是－3、－2、－5，那么我们应该选择的就是 B，即使 B 最好的可能情况比不上 A 或 C。

罗尔斯认为，立约者最终会选择正义的两个原则，第一个原则是每一个人都拥有相同最大的自由权利；第二个原则是经济和社会利益的不平等分配要符合两个条件，第一个条件是要对社会上处境最差的人有利，第二个条件是所附随着的职位和工作是对所有人开放的。换言之，第二个原则有两部分，前者可称为“差异原则”，后者可称为“机会均等原则”，至于第一个原则可称为“平等自由原则”。

第一个原则比第二个原则有优先性，而第二个原则的第二部分亦比第一部分有优先性。罗尔斯主张的正义原则符合上一节讲的常识公平原则。

正义的两个原则

正义原则	1. 所有人都拥有相同最大的自由权利 (相同的对待)	平等自由原则	有优先性，因为没有思想自由，就不能建立自己的人生目标
	2. 社会及经济利益的不平等分配 (不同的对待)	差异原则 (对社会上处境最差的人有利)	社会上处境最差的人大多是天赋才能较低的人，差异原则能降低自然因素对分配的影响
		机会均等原则 (职位和工作对所有人开放)	有助于减少后天因素对分配的影响，例如防止财产过度累积、保障教育机会平等、学校制度不能有阶级的限制等

在现代民主自由的社会，人有着不同的宗教信仰、人生目标及美好生活的观念，价值是多元的。在这种情况下，要让所有人和平共处，公平竞争，各自追求自己的理想，我们需要的是有一致性和普遍性(相对于民主自由的社会)并且大家都接受的正义原则，难怪罗尔斯说正义是社会的首要德性，它比安全、效率和繁荣更加重要。换言之，大家可以有各自不同的美好生活的观念，但必须都有相同的正义观念，这样社会才有良好的秩序，正义感对维持社会的稳定十分重要。这就是“正当”的优先性，正义原则是各人追求美好生活的合理限制。

原始境况到现实社会

正义原则是用来组成社会的基本结构，共有四个阶段，而无知之幕会逐步被揭开。

第一阶段	正义原则的建立	哲学层次	被无知之幕覆盖
	▽		
第二阶段	宪法的制定（立宪民主制）	平等自由原则的应用	立约者知道自己身处社会的自然资源、文化水平和经济状况
	▽		
第三阶段	立法（福利经济政策）	国会的工作，机会均等原则及差异原则的应用	立约者知道社会的具体状况如社会阶层及阶层之间的利益冲突
	▽		
第四阶段	具体政策的制定		立约者知道自己真正的身份及特殊利益

平等与自由

有人认为，自由和平等这两个概念本质上有冲突，自由多一些，平等就会少一些；平等多一些，自由也会少一些。罗尔斯的正义论正是想在自由和平等两者之间取得平衡，但他的理论同时遭受左、右两派的攻击，左派是马克思主义，右派则是极端的自由主义；前者平等先行，后者自由至上。

从左派的角度看，罗尔斯不过是将阶级不平等合理化。法国大革命之所以出现，其中一个原因就是阶级极端不平等，贵族和僧侣等统治阶层拥有大部分土地，但税收主要是由低下阶层的农民来负担。后来的西方工业化虽然带来了经济增长，但也扩大了贫富差距，引起了反资本主义的思潮，最有代表性的就是马克思主义。马克思认为，在人类历史发展的不同阶段，统治阶层都是压迫着被统治阶级，而历史也就是阶级斗争的历史。在资本主义的社会，主要有两个阶级，资产阶级和无产阶级。由于资本家垄断了生产资料，工人处于弱势，被严重剥削，生活悲惨，工人的自由不过是在受剥削和饿死之间做出选择，所以最后工人会团结起来，形成“阶级意识”，推翻资本主义制度。不过，从目前来看，马克思的预言并没有成真，因为阶级没有两极化，反而有大量中间阶层出现，工人的待遇亦得以相对改善。人类要活得更好，就必须互相合作，组成社会。社会需要分工，而根据不同的工作性质，所得的报酬、地位和权力也不同。而拥有差不多财富、权力和地位的人就会形成某个阶层，他们会联合在一起，因为大家有着共同的利益。低下阶层拥有的财富、权力和地位当然不及高级阶层，这种不平等是否不正义呢？

从社会功能的角度看，有些职位比较重要，例如医生，要顺利成为医生，除了天资之外，也需要长时间训练，如果没有高报酬的话，就很难吸引有能力的人做医生。报酬的不平等不但有激励作用，亦有助于选拔合适的人来从事相关工作，如果勤劳工作与不勤劳工作所得的报酬一样，我们反而会认为这才是不平等的。也就是说，有能力和有贡献的人，应该得到多一些社会和经济利益。

虽然说在现代的民主自由社会，大家都拥有平等的政治权利和机会，即使出身低微，也可以凭着天赋才能和努力，跻身上层阶级；但问题是，上层阶级会运用权力及财富的影响力，维持甚至增加自身的利益，例如香港回归以前，规定只有英联邦国家的医学文凭才可以行医。这样贫富的差距只会不断增加，而上层阶级亦会利用他们的优势，使这种不平等延续到下一代，阻碍社会阶层的流动，令不平等的问题不断加深，造成恶性循环。

诺齐克(Robert Nozick)是罗尔斯在哈佛的同事，他站在极端自由主义的立场批评罗尔斯的正义论。诺齐克认为，罗尔斯的差异原则容许财富再分配，不但会干预市场，还会侵犯人们的自由权利。但究竟有什么自由属于人的基本权利，罗尔斯和诺齐克有不同的看法，诺齐克认为私有产权是自然权利，而且是绝对的；但在罗尔斯所讲的平等自由原则中的财产权是有限制的，不包括继承权、拥有生产资料和自然资源的权利，也不包括分享对生产资料和自然资源的集体控制权。罗尔斯认为，这些私有产权并不是人们的基本权利，它们是否确立是在立法阶段，要受差异原则所限制。

另外，诺齐克指出，很多人讨论分配正义的问题时，已经假定了政府需要负责分配社会资源的工作，但这个假定是错误的，应该从

诺齐克的正义原则

三个公正的问题	分配的正义原则	例子
人如何有权利拥有一些本来不属于任何人的东西？	占取的正义原则	一块不属于任何人的土地，通过劳动力开垦占有它
人如何有权利拥有一些属于他人的东西？	转让的正义原则	一间房子，通过他人自愿转让而得到
当人得到一些他没有权利拥有的东西，该如何补救这种不公正的现象？	对不正义占有的矫正原则	侵占了他人的土地，要做出补偿

生产的角度来看分配的问题。而事实上，生产出来的东西都已经被人所拥有，问题是怎样才算是公正地拥有。诺齐克认为，只有三个分配的正义原则，那就是占取的正义原则、转让的正义原则及对不正义占有的矫正原则。

诺齐克的主要问题是容许经济不平等无限扩大，即产生所谓的富可敌国，经济力量足以影响政治决定。如果为保障我们的基本权利，对政府的权力做出限制是合理的话，那么，对个人财富或私有产权做出限制也并非不合理。

全球正义

近年来，国际纷争越演越烈，恐怖袭击越来越多，不安定因素增加。如何才能实现世界和平呢？要建立世界的和平，就需要有全球的正义原则。除了战争，环境污染、资源分配和援助贫穷国家等问题也涉及全球的正义。

罗尔斯在1999年出版了《万民法》(*The Law of Peoples*)一书，指出世界和平有赖于国际社会共同接受一组正义原则。但他不主张将《正义论》的正义两个原则应用于国际社会，它只适用于民主自由的社会，因为一个国家的经济状况，主要与其文化、政治和经济制度有关，当地政府也要为其决策负上责任，将差异原则应用于全球是不妥当的，国际社会之间需要另一组正义原则，因为世界上还有非民主自由的社会，所谓万民法就是指世界万民都会接受的原则。

罗尔斯认为，万民从商议国际性正义原则的原初境况中，会选择出八个正义原则。罗尔斯所讲的八个国际性正义原则，大部分跟维持世界和平及正当使用武力有关，只有第八个原则是用来处理贫穷问题。根据第八个原则，自由民主及良序的社会应该援助低度发展的国家，但援助的重点在于改善其制度，使之成为良序的社会，而不是针对营养不良或贫穷引致的疾病进行援助，除非是出现饥荒或严重违反人权的事件，国际社会才应出手帮助。

罗尔斯的国际性正义原则

第一　世界万民应尊重各自独立和自由

第二　万民应遵守条约和承诺

第三　万民平等，在有约束力的条约前平等

第四　万民有互不干预的义务

第五　万民有自卫的权利，但除自卫之外，不能以其他理由发动战争

第六　万民应维护基本的人权（如生命权、免于屠杀和劳役、良心自由等）

第七　万民在战争时应遵守特定的规范

第八　万民应扶助低度发展和负担沉重的社会

罗尔斯指出，这八个国际性的正义原则由自由主义发展出来，并且对于自由主义所讲的“容忍”做出了国际意义的诠释，那就是民主自由社会的人民或政府，不应将其民主自由的价值观强加于那些运作有序，并未对外侵略，也没有侵犯基本人权的非民主社会。罗尔斯的主张跟一般自由主义者不同，因为一般自由主义者会将民主和自由看成是普世价值，并企图以和平甚至军事力量改变非民主自

由的国家，进行政体改造，例如目前美国在伊拉克和阿富汗所推行的民主改造。罗尔斯认为，只有基本人权才具有超越文化和地域的普遍意义，但他所讲的基本人权并不包括政治权利及言论自由。

我认为，罗尔斯的《万民法》是一个很好的尝试，就是定出国际伦理的底线，反侵略和反对严重违反基本人权，为正义战争提出道德的理据。若放宽正义战争的门槛，动辄以违反人权做出军事干预未必是好事，因为很可能引发更多战争，危害世界和平。例如美国频频对中东事务所做的军事干预，反而刺激了宗教激进主义的壮大。

至于资源和污染问题，若资源是公有的，要求人类自律似乎是不切实际的，尤其是那些既得利益者，唯一的方法就是实施管制。正如为了解决香港的垃圾问题，当地政府即将推行垃圾征费，根据“污者自付”的原则，谁制造更多垃圾，谁就应付更多的费用。同样道理，大气层也是人类的共有资源，谁排放的二氧化碳最多，就应负最大的责任，以平均人口来说，美国人排放最多二氧化碳，理应负上最大的责任，但美国却不肯签署限制废气排放的《京都议定书》。早前日本因地震引发海啸而出现核辐射，受辐射的水已流入海洋，污染了其他国家的海产，可能会产生索赔的问题。地球越来越一体化，环境污染也是一样，没有一个国家能独善其身。

“污者自付”是一个历史性原则，过往你污染了环境，现在就有责任做出清理。这个原则具有追溯性，那些发达国家就得负上更大的责任。不过，有人认为追溯过往的责任是不公平的，因为当时根本没有人知道废气排放会导致全球暖化的问题，所以应该从现在计起才算公平。美国拒绝签署《京都议定书》的另一个原因是认为这项协议对发展中国家并没有约束力，既然有些国家不用遵守，那就是不平等。但是，前文说过，不同的对待未必就是不公平，因为对于发展中国家来说，限制废气排放会影响它们的经济发展，所以应该待它们成为发达国家后才加以约束。

既然天然资源是共有的，有人认为应该采用一个更公平的方法分享资源，例如将差异原则应用到全球层面，只有改善贫穷国家人民的生活，才容许从开发自然资源中得益。

康德晚年写了《论永久和平》（*Perpetual Peace: A Philosophical Sketch*）一书，提出了“世界公民”的概念及“国际联邦”的构想，联合国的出现亦是源于此书的理念。国际联邦是一个和平联盟，有点像现在的欧盟，国家都愿意交出部分的主权。康德颠覆了一般对公共领域和私人领域的区分，一般认为，国家事务应该属于公共领域，但康德认为这是私人领域，应该从对国家的考虑中抽离，以个人的理性来思考，这才是“公共的”，康德称这样的人为“世界公民”。

目前，我们已经有了联合国及其他国际性的组织，有人认为，最好的选择就是推广现在的模式，但联合国也必须做出相应的改革，例如取消常任理事国的否决权，代以一国一票，这样才公平。最后就是建立世界共和国，要有一套全球性的伦理作为国际法的基础，其中最重要的就是人权的落实。建立世界共和国并不是要消灭个别国家，但类似康德的说法，国家主权就必须受到国际法的限制。

关键词再思考	公平原则　优待性补偿　平等自由原则　差异原则　均等机会原则　国际性正义原则　世界共和国
相关篇章	《学校》《工作》《金钱》《愤怒》

香港旧立法局的前身是高等法院，三角楣上有一幅正义女神像，女神一手持剑，一手持天秤，表示她的判决是公正的，罪与罚成正比；而且她是蒙着眼的，表示不会偏袒任何人。这个造型由来已久。这幅是拉斐尔所画的《正义女神》，虽然女神没有蒙着眼，但是合上眼，所表达的意义也是一样的。

《正义女神》

作者：拉斐尔
原作物料：湿壁画
现存：梵蒂冈博物馆

后记

青年人在成长的过程中，会遭遇不少困难和考验，例如家庭不和、家境不好、读书压力、爱情迷茫、前途不明、工作不如意，等等。但所有这些，其实都是对我们灵魂的锻炼，正如钻石经过打磨，才能熠熠生辉。

希望此书能给成长中的青年人一点精神上的慰藉。

2018 年 5 月 20 日

梁光耀书于南丫岛